中华优秀传统国学经典阅读

围炉夜话

【清朝】王永彬　王俊 编校

中国商业出版社

图书在版编目（CIP）数据

围炉夜话 / 王俊编校 . -- 北京：中国商业出版社，2019.9

ISBN 978-7-5208-0864-4

Ⅰ.①围… Ⅱ.①王… Ⅲ.①个人—修养—中国—清代 Ⅳ.① B825

中国版本图书馆 CIP 数据核字 (2019) 第 175046 号

责任编辑：常 松

中国商业出版社出版发行
010-63180647　www.c-cbook.com
（100053　北京广安门内报国寺 1 号）
新华书店经销
三河市同力彩印有限公司印刷

*

710 毫米 ×1000 毫米　16 开　15 印张　180 千字
2020 年 1 月第 1 版　2020 年 1 月第 1 次印刷
定价：45.00 元

* * * *

（如有印装质量问题可更换）

前 言

  泱泱中华五千载,悠悠国学民族魂。中华国学"为天地立心,为生民立命,为往圣继绝学,为万世开太平",是中华民族几千年来生生不息的根本,是华夏儿女的文化基因和精神支柱。

  中华传统文化经过千百年历史的冲刷洗礼和不断交流、融合以及沉淀,最终形成了求同存异、兼收并蓄、辉煌灿烂的特点,它也是世界上唯一绵延不绝而从没中断的古老文化,并始终充满了生机与活力。

  国学就是中国之学、中华之学,是以母语汉语为基础,表达了中华民族的精神价值和处世态度,有利于凝聚中华民族的文化向心力,有利于中华民族大团结,是华夏儿女的生命火炬,我们要世代相传和不断发扬光大。

  中华优秀传统文化在思想上有大智,在科学上有大真,在伦理上有大善,在艺术上有大美。在中华民族艰难而辉煌的发展历程中,优秀传统文化薪火相传、历久弥新,始终为国人提供精神支撑和心灵慰藉。所以,更多地从传统优秀国学经典中汲取丰富营养,不仅能充实灵魂,而且能够拥有一种神圣而崇高的家国情怀。

  中华传统国学是指以儒学为主体的中华传统文化与学术,内容非常广泛,内涵十分丰富,如蒙学十三经、四书五经等,作为国学中经典之经典,铸就了"国学蒙学之最、中华不可或缺之魂",凝聚了我国五千年的文明史和传统文化,体现了中华民族博大精深的文化精髓,是经过多少代人实践检验过的文化瑰宝,承载着中华民族伟大复兴的梦想。

  中华传统国学中具有极高价值的经典与文章不胜枚举,且不说春秋战国时期的经传宝典,也不说《史记》《资治通鉴》,仅唐诗、宋词、

1

元曲就有许多脍炙人口的佳作,今天我们作为中华儿女对这些精品岂可淡化或视而不见?

中华传统国学经典,蕴含了中华儿女内圣外王的个体修养和自强不息的群体精神,形成了重义轻利的处世态度以及孝亲敬长的人伦约定,包含着辩证理智的心智思维和天人合一的整体观念。

这些国学经典千百年来作为我国传统文化与教育经典,在内容方面包含治国、修身、道德、伦理、哲学、艺术、智慧、天文、地理、历史等丰富的知识;在艺术方面丰富多彩,各有特色,行文流畅,气势磅礴,辞藻华丽,前后连贯。古往今来,无数有识之士从中汲取知识,不仅培养了良好的道德品质,还提升了儒雅、纯美、睿智的气质。

国学经典是广大读者必备的精神食粮。读者阅读国学经典,能够秉承国学仁义精神,养成谦和待人、谨慎待己、勤学好问等优良品行,达到内外兼修与培养刚健人格的学习目的。读者阅读国学经典,就如同师从贤哲,使自己能够站在先辈们的肩膀之上,在高起点上开始人生道路。阅读圣贤之书,与圣贤为伍,是精神获得高尚和超越的最高境界。

如今社会处于转型时期,充斥着各种各样所谓的现代文化,良莠不齐、纷繁杂芜。作为读者,应该慎重地从文化杂烩中精挑细选最好的、最纯的、最精的文化知识进行学习,以便促进身心的健康,那么国学经典就是最佳的选择。

当然,我们必须注意:传承古代经典,不是单纯背诵一些诗词,而是传承古老中华文明;不是只知其文不解其意,而是传承经典文化中的精神;不是对所有传统的东西都加以吸收,而是采取"扬弃"态度,取其精华去其糟粕;也不是排斥其他国家和民族的先进文化,要互相理解和尊重,要有兼容并包的情怀和清醒的头脑,做到互相学习和互相促进;更不是躺在灿烂传统文化的光环下故步自封,要积极开创未来的、先进的和科学的民族文化,要创造新的文化辉煌。

国学经典并非陈旧过时的东西,它能够适应任何时代的需要,且不同的时代都可以进行新的解读，都有时代的新意。广大读者要古为今用，活学活用，在新的时代推陈出新，进行新的解读，赋予新的内涵，不断发扬新的精神。

我们欣喜地看到，在党和政府的积极号召下，教育部印发了《完善中华优秀传统文化教育指导纲要》，各级教育机构启用了《中华优秀传统文化》教材，中小学语文新课标中也增加了青少年学生阅读和学习国学的分量，许多中小学开设了专门的国学课程，全国各族人民掀起了学习和传承中国传统文化的热潮。

为此，在有关专家的指导下，我们特别精选编辑了这套"中华传统国学阅读经典"作品，根据广大读者特别是青少年读者学习吸收的特点，采取了板块化的篇章结构。文前部分主要包括作者简介、题解＋背景、作品概况、思想内容和艺术特点等内容，正文部分主要包括原文、注释、解读、感悟、赏析、故事等内容，文后部分主要包括名言妙语、读后感、知识互动大会等内容。同时还配有精美的插图，图文并茂，生动形象，非常易于阅读、理解和欣赏，能够培养广大读者的国学阅读兴趣，从而增强大家对中华优秀传统文化的热爱、传承和发展，最终积极投身到中华民族伟大复兴的中国梦之中。

根据"部编教材"和广大读者特别是青少年读者学习吸收的特点,采取版块化篇章结构,设置丰富的专题栏目,解构阅读知识要点,无障碍直通阅读核心,重点感受丰富的知识和独特的艺术,领会和发扬深刻的国学精神!

导 读

作者简介
简单介绍作者生卒生平事迹、代表作品和历史影响等。

题解+背景
简单阐述书名来历、作者社会背景、创作动机、创作过程等。

作品概况
简单介绍作品结构形态、流传过程和历史价值等。

思想内容
简单分析作品思想内涵、社会价值和启迪作用等。

艺术特点
简单解析语言表达、篇章结构、人物形象等丰富的艺术特色。

贫贱不能移 富贵要济世

原文
参考众多权威版本,忠实于原著原文呈现。

贫贱非辱,贫贱而诌求❶于人者为辱;富贵非荣,富贵而利济于世者为荣。讲大经纶❷,只是实实落落;有真学问,决不怪怪奇奇❸。古人比父子为桥梓❹,比兄弟为花萼❺,比朋友为芝兰❻,敦伦者❼,当即物穷理也;今人称诸生曰秀才❽,称贡生❾曰明经❿,称举人⓫曰孝廉⓬,为士者,当顾名思义也。

注释

❶ 诌求:阿谀而求之。
❷ 经纶:经世治民之学。
❸ 怪怪奇奇:原意是奇怪,这里是指故弄玄虚。
❹ 桥梓(zǐ):古人以乔木喻父,梓木喻子,因为乔木高高在上,而梓木俯低若下。
❺ 花萼(è):花萼喻兄弟,因为同出一枝,彼此相依。
❻ 芝兰:比喻朋友。"与善人居,如入芝兰之室,久而不闻其香,即与之化矣。"朋友贵在相频,故以芝兰比喻朋友。
❼ 敦伦者:指推崇伦理道德的人。
❽ 秀才:读书人的通称。
❾ 贡生:科举时代国品学兼优,被举荐升入太学的生员。
❿ 明经:唐制以经义取士,谓之明经。
⓫ 举人:明清时乡试被录取的人。
⓬ 孝廉:明清举人的别称。

注音
对多音字以及破音、通假、古音、外族语言等异读字词进行注音。

注释
介绍和评议生僻难懂语汇、内容、背景、引文等。

精美配图
根据内容配图,图文并茂,让知识变得生动形象,让阅读变得丰富有趣。

> 解读

贫穷与地位卑微并不是耻辱的事,但因此去向人献媚就很可耻了;富贵也不是光荣的事,但乐于以此帮助他人却是很光荣的事。讲求大的学问和道理,应该能落到实处;真正有学问,绝不会故弄玄虚。

古时候的人,把父子比为乔木和梓木,把兄弟比为花与萼,将朋友比为芝兰与香草,因此,讲求人伦关系的人,应当就万物事理推及到人伦关系。现在的人称读书人为秀才,称被举荐入太学的生员为明经,又称举人为孝廉,因此读书人可以从这些名称中,明白一些道理。

> 故事链接

在春秋时期,有一年齐国出现严重饥荒,庄稼颗粒无收,老百姓们都吃不上饭,有许多人饿死了,没死的人也饿得奄奄一息了。

有个叫黔敖的财主,他家里囤积了许多粮食。看到灾情这么严重,他手下有人就向他提议说:"外面饥民都好多天没有饭吃了,您要是熬点稀粥给他们喝,他们就会对您感恩戴德,您也能得到好名声呀!"

黔敖听了,觉得很有道理,就让家人在路旁架起大锅,熬了稀粥,施舍给那些饥民吃。那些饥民见黔敖施舍稀粥,对他都是千恩万谢的。黔敖心中非常得意,觉得自己就是这些人的救命恩人,忍不住趾高气扬起来。

这时,又有一个饿汉走来,只见他用破烂衣袖掩着脸,脚上拖着一双破鞋,走起路来还东倒西歪的,浑身没有一点儿力气。黔敖用勺子敲着锅沿,对那个人叫道:"喂!过来吃吧!"他的语气中充满了轻蔑和傲慢。

奇怪的是,那饿汉对锅里的稀粥看都不看一眼,而是扬起脸,注视着黔敖说:"我就是因为不吃这种轻蔑地呼唤别人来吃的人给的东西,才饿成这个样子的。我宁可饿死,也不会吃你这种饭。"饿汉说完,就蹒跚地向前走了。

解 读
对原文进行译解,使之通俗易读,浅显易懂。

故事链接
对篇章或段落进行故事配套链接,更益于理解原文。

完美大结局

读 后 感
从中、小学生认识角度,剖析阅读作品后的所思所感、所作所为等,达到有所收获和感悟等。

知识互动大会
通过阅读作品和做"填空题""选择题"和"问答题"等题型的互动,达到读与学相互促进,增强阅读兴趣,提高阅读学习质量。

作者简介

王永彬（1792—1869年），字润芳，号宜山，人们一般称呼他宜山先生，他的后人一般称他宜山公。清代儒学家、田园诗人。他的著作除了《围炉夜话》很有影响力外，还著有《音义辨略》《六书辨略》《禊帖集字楹联》《先正格言集句》《历代帝统年表》《孝经衬解》《讲学录》《说古韵言》等。可见他学识渊博，涉猎广泛，真正称得上是一位乡间大儒。

王永彬一生经历了乾隆、嘉庆、道光、咸丰、同治五个时代，但他并不是当时的官场中人。他从小进入私塾读书，兄长去世后，他的父亲想要他辍学谋生，他跪求父亲，才勉强完成了学业。之后他进入县学读书，成为廪生。后来成为"敕授修职郎"和"候选教谕"，也就是一个普通科员或办事员而已。

因为没有考中科举，王永彬远离了官场。他也没有成为商贾而奔走江湖。由此，名利不再与他有关。他的一生，大多是在耕读治家、教授生徒、研习经典的时光中度过的。

在设馆授徒之余，王永彬最喜欢的是读书、撰述和交友。他一生手不释卷，对于经史子集都曾熟读，而且还研究过中医和数术。他最为重视的，还是通过教育对社会风气的改造。

中国人自古视"立德、立功、立言"为三不朽，王永彬并没有立下什么赫赫之功，但是在立言方面，算是颇有成就的，仅此一部《围炉夜话》，就足以让他永垂不朽了。他的《围炉夜话》，与明代洪应明的《菜根谭》和明代陈继儒的《小窗幽记》一起被称为"处世三大奇书"。

题解+背景

　　王永彬自称是一个识字的农民,到了晚年的时候闲在家中,与家人在一个冬日聚到一起,在其乐融融的时候,把心里的想法说了出来,让自己的孩子记录下来,并虚拟了一个围炉夜谈的场景,所以就将记录文稿取名叫《围炉夜话》。

　　王永彬历经五个时代,亲眼目睹了清王朝由盛转衰的过程。眼见一个时代的沦亡,儒家道德,君子情怀,都在国家兴亡、朝代更迭的历史变革关口被动摇和侵蚀了。

　　作为旧时代的知识分子,王永彬或许看不到历史趋势的真正走向,或许不能明辨真正的潮流是非,但是他的内心却始终怀着温良恭俭让的传统美德,而这正是他能够创作《围炉夜话》的思想基础。

　　作为一位乡绅和一位传统道德文化的守护者,王永彬尤其关心和重视伦理道德的建设,他把道德、读书、务农、教育、忠孝、治家、勤俭等理念灌输到日常的生活实践中。

　　王永彬曾经积极地参加当地救灾、防乱和修志的工作,体现了他作为一个乡村读书人对社会责任的担当,也是他创作《围炉夜话》的动力所在。

　　我国传统的读书人,经常以劝世易俗作为自己的责任。当时的社会,传递信息十分不方便,改善乡间民风最简单可行的就是编写劝世的小册子、小读本。因此,王永彬做了大量这方面的工作,创作《围炉夜话》即为其中的成果之一。

　　王永彬提醒人们不能耽于一时之安逸,心存侥幸,要善于居安思危,发奋图强。他在《围炉夜话》中以儒家的道德伦理为根基,从人生的诸多方面阐发了道德重建和挽回世道人心的方法和途径,可见其精神和担当。

作品概况

《围炉夜话》是作者王永彬于清咸丰甲寅（1854年）二月，于桥西馆的一经堂完成的。作品是明清时期著名的文学品评著作，对于当时以及以前的文坛掌故、人、事、文章等分段进行评价议论。

《围炉夜话》分为221则，以"安身立业"为总话题，分别从道德、修身、读书、安贫乐道、教子、忠孝、勤俭等十个方面，揭示了"立德、立功、立言"皆以"立业"为本的深刻含义。

王永彬是个教谕，负责教导生员。自然，他对人的教育问题很是上心。他认为，教育孩子要从幼年时抓起，要教导他们有正直、宽容、光明磊落的气概和度量；在平常生活中，多省察自己的思想和行为，不能没有勤恳自警忧患磨砺的思想修养。

作品的原刻本刊行于清朝同治六年，即1867年，书由王永彬的长子王鉴洋缮写，门人杨惟春校字。这一年，王永彬75岁，书刻成后两年，王永彬就去世了。这本书在清代翻刻的并不多，甚至到了民国，翻刻的版本也很少见。

根据1975年中国台湾刊印的《围炉夜话》的版本中有一篇宋希尚先生作的《重刊〈围炉夜话〉新序》，讲述了他与本书结缘的经历。宋希尚先生是我国著名水利专家，民国年间曾经担任青岛港工程局长，正是在青岛任上，他遇到了这部《围炉夜话》，从此改变了这部书的命运。宋希尚先生从《围炉夜话》中受益匪浅，而《围炉夜话》也因为宋希尚先生而广为流传。

之后，宋希尚先生去了台湾，并多次印赠《围炉夜话》与人结缘，尤其是送给当时国民党的高官和文人。《围炉夜话》也逐渐由此而广为人知了，并一直备受推崇，对于读者感悟中国文化、修养心性都有不小助益。

思想内容

　　《围炉夜话》是明清时期著名文学品评家王永彬著作的儒家通俗读物,书中的许多话语虽以劝诫为主,但读来却无艰涩枯燥之感,反而觉得生动平实,将本来会令人觉得比较高深的哲理融入日常生活中,使人容易为其所感染而产生共鸣。

　　全书以随笔的形式阐发了安身立命的主旨,涉及人生的诸多方面,如修身养性、为人处事、持身立业、读书立志、安贫乐道、济世助人、持家教子、忠孝节义、为官执政等。

　　书中虽以虚拟夜谈形式记录,但字里行间均渗透了作者为人师表的理想。例如全书开篇就点明教导晚辈要从幼年时开始,育人先育己,正直仁爱并非天生,可以看出非常重视后天培养教化,环境熏陶以及自身反省。

　　书中体现出作者身上具有浓厚的儒家思想烙印,他在本书中以大量语言文字阐释了"立德、立功、立言"的要旨,揭示了人生价值的深刻内涵。作者认为,"信"字是一个人在世上立身的根本,所以做人不能没有信用;"恕"字是一个人待人接物的最重要的品德,所以人的一生都应该始终奉行。

　　作者劝诫人们要遵循儒家的道德规范,有所作为。他认为儒家的仁厚是治国之本,能纠正世上的轻浮不实之风气。他教育世人要学习儒家的思想精髓,不能只学其皮毛和外表的形式。他要求人们要有高尚的道德情操,以修身养性、行善积德为务。

　　作者还特别重视读书治学,立志成才。他除了阐释读书和治学的一些方法外,特别强调要以道德为根基,读书和治学要经世致用。

　　虽然书中一些观点可能有其时代局限性,不一定适合当代社会要求,但瑕不掩瑜,本书仍对现代人生有着重要指导和借鉴意义。

艺术特点

《围炉夜话》的书名听起来非常富有情景感，仿佛在眼前立刻出现了这样一个画面：在某个寒冬雪夜，窗外飞雪似撒盐，窗内珠帘半遮掩，几个文人围坐在火炉边，烫着烧酒或者烹着香茶，讲述着一个文人对人事修为的审美情怀。

作品是中国古代众多劝世之书中的一种，它是短小精辟、富有哲理的格言体之作。文辞浅近明晰，言语言简意赅，情真意切，如同一位德高望重的长者和一群后辈围着火炉，锦心绣口，长吁短叹，娓娓而谈，品味人生，意境深远，富有哲理，颇有启发性。

事实上，这本书正是虚拟了一个文人围炉夜谈的场景，想象着和自己的三五好友谈论着修身、齐家、治国、平天下的理想与日常生活点点滴滴的联系，并由于其独到见解在文学史上占有重要地位。

本书是一部专讲处世之道的由杂感而生成的格言体笔记。从宋代以来，笔记就非常流行，类型十分丰富，可以分为学术、史料、诗话、杂感等。笔记语体也非常自由，可以是散文式的，可以是骈偶式的，也可以是两者的结合。

《围炉夜话》骈散结合，整段为散文，内部往往由骈偶式句子构成。整齐之中寓随意自然，自然之中又有整饬之美，读起来朗朗上口，易于记忆，自有其特殊趣味，值得仔细体味。

大学问里有小情趣，简单道理里有大人生，温书、夜话，在隽语流淌的瞬间将一字一句清晰记录，然后汇集成册。文字清新、自然，虽然是一个古人所写的书，不免有古人语调，但却浅显易懂，不拗口不做作，在"云淡风轻"中就把四书五经、安身立业、时政心得等熔于一炉，颇有心得并发人深省。

目 录

教于幼　检于身……………………………… 1

处事为人　读书自用……………………………… 4

严可平躁　敬以化邪……………………………… 7

力挽江河　光争日月……………………………… 10

人心足恃　天道好还……………………………… 13

积善有余庆　积财易遗祸……………………………… 16

学贵有疑　人贵有德……………………………… 19

朴实浑厚　培子孙元气……………………………… 22

明辨是非　不忘廉耻……………………………… 24

富贵不着意　忠孝不离心……………………………… 27

处事辨是非　平正贵精详……………………………… 30

行善救人　脱身俗情……………………………… 33

志不可不高　心不可不大……………………………… 36

贫贱不能移　富贵要济世……………………………… 38

以身作则　心平气和……………………………… 40

守身思父母　创业虑子孙……………………………… 42

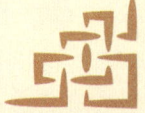

东山可再起　江心补漏迟 …………………… 44

生命有穷期　学问无定数 …………………… 47

气性要和平　言语勿矫饰 …………………… 49

持身贵严　处世贵谦 ………………………… 51

君子如神　小人如鬼 ………………………… 54

不较横逆　安守贫穷 ………………………… 57

行善自乐　奸谋自坏 ………………………… 60

耐得烦　吃得亏 ……………………………… 63

知己之错　取人之长 ………………………… 65

奢吝俱败家　愚明皆覆事 …………………… 67

衣食知足　学无止境 ………………………… 70

富贵要谦恭　衣禄需俭省 …………………… 73

君子拯救尘世　圣贤关心民生 ……………… 76

莲朝开而暮合　草冬枯而春荣 ……………… 79

俭可养廉　静能生悟 ………………………… 82

凝浩然正气　法古今完人 …………………… 85

愁烦中具潇洒襟怀　暗昧处见光明世界 …… 88

求其理则数难违　守其常变亦能御 ………… 91

远见卓识　铁面无私 ………………………… 94

后天需努力　小节要谨慎 …………………… 97

解邻纷争　解说因果 ………………………… 99

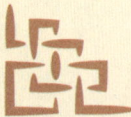

自奉减几分　处世退一步……………………………102

川学海而至海　莠似苗而非苗………………………105

称誉易无怨难　田产不如恒业………………………108

有济人之心　无争强之意……………………………111

专心可立功　偏见易败事……………………………114

贫乃顺境　俭即丰年…………………………………116

亡羊尚可补牢　羡鱼何如结网………………………118

知错即改　不甘堕落…………………………………121

聪明不外露　耕读可兼营……………………………124

既循规蹈矩　也灵活变化……………………………126

不行欺诈　不享安闲…………………………………129

闭目养心　口阖防祸…………………………………132

立大志　成大功………………………………………134

知过能改　抑恶扬善…………………………………137

自知之明　不卑不亢…………………………………139

宾入幕中　客登座上…………………………………142

和气迎人　藏器待时…………………………………145

专务本业常乐　为天下百姓常忧……………………147

为学要静敬　教人去骄惰……………………………150

粗粝能甘　纷华不染…………………………………152

无愧于心　收郊桑榆…………………………………154

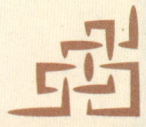

齐家先修身　读书在明理……………………156

修身求备　读书求深…………………………159

要有真涵养　要写大文章……………………162

仁厚是儒家之道　虚浮为今人之过…………164

意趣清高　志量远大…………………………167

钱造福也能生祸　药救人也能杀人…………170

儒者多文为富　君子疾名不称………………173

待人宜宽　行礼宜厚…………………………175

小心谨慎无咎　高位难保其终………………178

莫惟学文而离道　勿以取艺而弃德…………181

用功于内者心秀　饰美于外者心空…………184

敦厚之人能托大事　谨慎之人可成大功……186

穷尽事物之理　反观自己本心………………189

天地且厚人　人不当自薄……………………192

富厚者遗德　贫穷者勤奋……………………194

友以成德　学以愈愚…………………………197

耐贫贱易　耐富贵难…………………………200

险奇一时　常者永世…………………………203

静者不妄动　敬者常惺惺……………………205

若肯下人　终能上人…………………………208

见利存私　不立不谋…………………………211

教于幼　检于身

　　教子弟于幼时，便当有正大光明气象[1]；检[2]身心[3]于平日，不可无忧勤[4]惕厉[5]工夫。

　　与朋友交游[6]，须将他好处[7]留心学来，方能受益；对圣贤言语[8]，必要在平时照样行去，才算读书。

　　贫无可奈[9]惟求俭，拙亦何妨[10]只要勤。稳当话，却是平常话，所以听稳当话者不多；本分人，即是快活人，无奈做本分人者甚少。

注释

❶ 气象：气概，人的言行态度。

❷ 检：检讨，反省。

❸ 身心：身指所言所行，心指所思所想。

❹ 勤：勤笔勉思、勤勉努力。

❺ 惕厉（lì）：心存戒惧。厉，磨砺，磨炼。

❻ 交游：和朋友往来交际。

❼ 好处：优点、长处。

❽ 圣贤言语：一般指德才兼优的人物，如周文王、老子、孔子、孟子等皆是。

❾ 无可奈：不知怎么对付。

❿ 妨：阻碍，有害。

解读

　　在子弟幼年时就要培养他们光明磊落的气概；平日生活中要时时反

围炉夜话

省,不能没有忧患意识和自我勤勉、敬惧的修养功夫。

与朋友交往,须留心观察、学习优点,才能得到益处。对于圣贤的话,要在平日生活中遵循,才算是真正读书。

贫穷只有节俭才能渡过难关;愚笨只要勤奋就能弥补。妥当的话,却是平常的话,所以喜欢听这种话的人并不多;安守本分的人才是愉快的人,可惜这样的人却很少。

故事链接

季文子是中国春秋时期鲁国的宰相,他虽然身居高位,却以俭为荣,从不铺张浪费。他家的住房非常简陋,也不多用仆人。有一天,他有公务出门,让他的侄儿备车。等了一会儿,不见动静,就径直向马厩走去。刚走到马厩门口,他看到他侄儿慌慌张张地将青草盖在马槽上。

季文子问他在干什么,他侄儿支支吾吾说不出话来。季文子上前一看,原来马槽里有粮食。季文子十分生气地说:"我已经说过,不许用粮食喂马,有充足的草就可以了。因为现在还有许多穷人缺吃少穿!"

他侄儿点点头,说:"您说的道理我懂,我只是怕别人耻笑我们,说我们小气。"季文子微微一笑,说:"既然明白自己做得不错,就不必去管别人说什么。"

他侄儿备好了马,季文子在车上坐好,他们出发了。马车很旧,一边走,一边发出使人心烦的吱嘎声。季文子的侄儿低着头,怕别人认出这是宰相家的马车。而季文子泰然自若,时而观察民情,时而皱眉沉思。

当马车走到一个十字路口时,季文子下了车,与百姓们交谈。这时,走过来一位穿着十分讲究的年轻人向季文子请安。季文子转身一看,认出了这个年轻人是大臣孟献之的儿子,名叫仲孙。

季文子问:"你父亲可好?"仲孙点头说:"很好,他刚才还在这里买东西。"季文子抬头一看,果然有辆豪华的马车正向西驰去。他

教于幼　检于身

说："你们家好气派啊！依我看，要适可而止，还是以俭朴为好。"

仲孙不以为然，带着几分耻笑的口气说："大人做宰相这么多年了，连一件像样的绸缎衣服都没有。喂的马，不给粮食，只给草吃。您每天乘坐瘦马破车，难道不怕别人笑话，说您太小气了吗？您这么小气，要是让别国人知道了，说不定还会认为我们鲁国人穷成了什么样子呢！"

季文子听了仲孙的话，语重心长地说："你的话没有道理，这是因为你没有懂得节俭的意义。一个有修养的人，他可以克制贪心，因为他知道节俭可以使人向上。相反，一个人铺张浪费，必然贪得无厌。一个国家的大臣如能厉行节俭，艰苦奋斗，上行下效，百姓齐心，这个国家必然会越来越强大。因此，你怎么能说节俭丢脸和使国家衰败呢？"

季文子句句在理的一番话，说得仲孙哑口无言。他红着脸不好意思地走开了。后来，季文子听说，仲孙真的想通了，他一改过去铺张浮华的缺点，重新做人了。

| 围炉夜话

处事为人　读书自用

处事要代人作想❶，读书须切己❷用功。

一信❸字是立身❹之本，所以人不可无也；一恕❺字是接物❻之要，所以终身可行也。

人皆欲会说话，苏秦❼乃因会说而杀身；人皆欲多积财，石崇❽乃因多积财而丧命。

注释

❶ 代人作想：替他人设身处地着想。想想别人的处境。
❷ 切己：自己切实地。
❸ 信：信用、信誉。
❹ 立身：树立自己的形象。古人有三立：立身、立德、立言。
❺ 恕：推己及人之心。
❻ 接物：与别人交际。
❼ 苏秦：战国时纵横家，口才极佳，游说六国合纵以抗秦，使秦国不敢窥函谷关有十五年。后至齐，被齐大夫所杀。
❽ 石崇：晋人，富可敌国，因生活豪奢遭忌而被杀。

解读

处理事情要多为他人着想，读书却必须自己用功读。

一个"信"字是立身根本，所以人不可没有信用；一个"恕"字是待人接物的品德，所以人应该终生奉行。

处事为人　读书自用

人人都希望善于言谈，战国苏秦却因此引来杀身之祸；人人都希望多积财富，晋代石崇却因此而丢了性命。

故事链接

王充，字仲任。会稽上虞人。他是中国东汉初期具有唯物主义思想和批判精神的杰出思想家。王充出生在浙江上虞一个贫困家庭里，少年时期就失去了父亲，没有钱读书。

王充八九岁的时候，在洛阳的各书铺里，怀里揣着干粮，贪婪地埋头读书。每当读到兴浓的时候，总是目不斜视，细心领会。有时独自狂笑，有时愁眉不展，如入其境，连身边带的干粮也常常忘记吃。

因为王充没有钱，从来只看书不买书，书铺的主人最初很讨厌他，有时甚至赶他走。他总是苦苦请求："让我看完这一本吧！"后来，书铺的主人见他如此热心读书，年纪又小，也就原谅了他。时间长了，王充的行为感动了书铺的主人，书铺主人对他很友好。他也深知在书铺里读书的珍贵，所以总是认真理解，刻苦记忆。

在王充20多岁的时候，就由乡里保送到当时的首都洛阳，进入全国最高的学校"太学"去学习。著名的历史学家班彪在"太学"里讲课。班彪的学问很深，他讲课涉及的问题很广。

为了弄清老师所讲的内容，王充就把讲课时提到的书一一找来阅读。"太学"里的书差不多都读遍了，可是满足不了他的学习需要。去买书吧，买不起，王充便把书铺当图书馆，读了一册又一册，这家书铺读完，又跑到那家书铺。积累了丰富的知识。

到了30多岁的时候，王充已成为知识渊博、又有独立见解的学者。他对于当时盛行的唯心主义的说教深感不满，于是下决心给予批判。他谢绝一切应酬，集中精力，独立思考，着手写书。

为了不耽误时间，不打断思路，王充在自己住宅的许多地方，如门上、窗上、炉子上、柱子上，甚至厕所里，都安放了笔砚纸张，想一

围炉夜话

点,写一点,走到哪里,写到哪里。

到了晚年,王充孤独一人,生活潦倒,甚至有时缸里没了水,锅里没了米,饿得肚子直叫,头发昏,眼发花,生活贫困,但志气不减,仍坚持为实现愿望而写作。王充把全部的精力都用在写作上,经过艰苦奋斗,终于用20多年的心血,写出了闪耀着辩证唯物主义思想光辉的论著《论衡》。

《论衡》是一部反对谶纬迷信和批判唯心哲学的不朽作品,王充在这部书里,应用天文、地理、物理、生物、医学、冶金等科学知识,大胆地抨击"天人感应"学说,对贫富贵贱,命中注定的伪善说教,进行了无情的揭露。

在那谶纬迷信横行的时代,王充依据知识的理性,大胆地抨击"天人感应"学说,建立了自己的无神论思想体系,这无疑是他那大智大勇的探索精神发挥了重要的作用。

严可平躁　敬以化邪

教小儿宜严，严气❶足以平躁气❷；待小人❸宜敬，敬心❹可以化邪心❺。

善谋生❻者，但令长幼内外，勤修恒业❼，而不必富其家；善处事者，但就是非可否，审定章程❽，而不必利于己。

名利之不宜得者竟得之，福终为祸；困穷之最难耐者能耐之，苦定回甘。生资❾之高在忠信，非关机巧❿；学业之美在德行⓫，不仅文章。

注释

❶ 严气：严肃、严格的态度。
❷ 躁气：轻率、性急的脾气。
❸ 小人：不怀好意的人。小人往往与君子相左，对着干。
❹ 敬心：尊重而谨慎的心。
❺ 邪心：不正当的心思。
❻ 谋生：以工作来维持生活。
❼ 恒业：恒长而持久的事业。
❽ 章程：办理事务的规则和程序。
❾ 生资：指人的资质。
❿ 机巧：机变巧妙。
⓫ 德行：道德品行。

围炉夜话

解读

教导小孩应严格,严格能消除孩子心中的浮躁;对待邪恶的人应当采取尊重的态度,尊重可以化解他们的邪恶之心。

善于谋生的人,使家中所有成员都能做好自己的事,而不必去刻意追求富贵,使家道安乐;会处理世事的人,对事情可行不可行做出决定,订立章程,不会考虑到自己的利益。

得到不该得的利益,福分终究会成为灾祸;最难以忍耐的贫穷能够忍耐过去,定会苦尽甘来。人的资质高低,在于是否忠厚守信,并不在于手段;学业精深的人,不在于文章美妙,而在于道德高尚。

故事链接

东汉末年,有一个以宽厚待人而闻名的人,名叫刘宽。有一天,他驾着一辆牛车外出游览,牛车慢慢地向前走着。突然,一个冒冒失失的人拉住了刘宽的牛车说:"难怪我的牛不见了,到处找都没找到,原来是你把我的牛用来拉车了。"

刘宽对这突如其来的事,感到有些莫名其妙。心想,这么多年来我都是坐这头牛拉的车,这牛怎么是他的呢?任凭刘宽怎么向那人解释,那人只是一口咬定这头牛是他的。

刘宽转后一想,别人丢了牛,又急着要用,与他争也无用,便只好暂时让那人把牛牵走,自己步行回家。没过多久,那丢牛人找回了自己的牛,便把刘宽的牛送了回来,并跪下叩头向刘宽道歉说:"真对不起,误会了你,随你怎么处罚我都行。"

刘宽没有责怪他,反而体谅地说:"同一类动物有相似的,有时候难免弄错。现在你很辛苦地把牛帮我送回来了,我还要谢谢你呢。"

刘宽升为太尉后,成为管理军事的长官,很有权势。有一次,他家请客,叫仆人到市上买酒。大家坐着等了很久,也没见把酒买回来,连客人们都等得不耐烦了。后才见仆人喝得酩酊大醉跌跌撞撞地回

严可平躁　敬以化邪

来了。

有个客人忍不住骂道:"畜生养的,太不像话了。"仆人十分狼狈地走了。

过了一会儿,刘宽派人去看仆人,怕他自杀,并对左右的人说:"他也是人啊,骂他'畜生养的',太侮辱人了,我怕他受不了寻短见。"

刘宽素来脾气很好,对家里人和侍女也从不发脾气。他夫人故意想惹他发一次脾气,就在他穿好朝服,准备上朝的时候,叫侍女捧一碗鸡汤给他喝,端到他面前时故意失手,把鸡汤倒翻在他的朝服上,泼得他朝服尽是肉汤和油污。

侍女赶快揩擦后,低头站在一旁,准备挨骂。只见刘宽不但不生气,反而关切地问:"你的手烫着了吗?"侍女很受感动,他夫人也更敬佩丈夫的涵养。

围炉夜话

力挽江河　光争日月

风俗日趋于奢淫[1]，靡所底止[2]，安得有敦古朴之君子[3]，力挽江河[4]；人心日丧其廉耻，渐至消亡，安得有讲名节[5]之大人[6]，光争日月？

人心统[7]耳目官骸[8]，而于百体为君[9]，必随处见神明[10]之宰[11]；人面合眉眼鼻口，以成一字曰苦（两眉为草，眼横鼻直而下承口，乃苦字也），知终身无安逸之时。

注释

[1] 奢淫：奢侈浮华。

[2] 靡所底止：没有止境。

[3] 古朴之君子：古代朴实无华的仁人志士。《论语》："君子食不求饱，居无求安。"又，"直哉史鱼!邦有道，如矢，邦无道，如矢"。

[4] 力挽江河：大力改变现有的不良现象。

[5] 名节：名誉和气节。

[6] 大人：伟大的人物。

[7] 统：总管。

[8] 官骸：五官身体。

[9] 百体为君：指心为全身之主宰。

[10] 神明：冥冥之中有一个能保佑善良人的神人。

[11] 宰：治理。

力挽江河　光争日月

解读

社会风气日渐追求奢侈放纵，没有停止的时候，怎样才能出现一位质朴风范的君子，振臂一呼，改变江河日下的局面；世人清廉知耻之心已快完全沦丧，怎样才能出现一位讲名节的伟大人物，去唤醒世人的廉耻之心，去与日月争光呢？

人的心统治着五官和身体，并且是各种器官的主宰，一定要保持清醒的头脑才不出差错；人的面部包括眉、眼、鼻、口等部分，看上去像一个苦字，这是在警示人们人的一生不能有安闲放纵的时候。

故事链接

祁黄羊是春秋时期晋国的大夫，当时晋平公非常看重他，无论大事小事都同他商讨，特别是在官吏的任免上。

一天，晋平公对祁黄羊说："南阳县缺一个县令，你看派谁去比较合适？"

祁黄羊说："解狐才干敏练，通达政务，让他去一定能够胜任。"

晋平公听后感到奇怪："你对解狐的印象很坏，平时你们从不交往，你怎么会推荐他去那么重要的县城做县令呢？"

祁黄羊说："大王问我，谁当南阳县令合适，并没有问我和谁的关系好。"

于是晋平公派解狐到南阳任职。解狐到了南阳，废除许多不合理的法规，公平处理老百姓的诉讼，兴修水利，按时节督促农民种田养蚕，鼓励农民开垦荒地。南阳县的百姓对解狐非常爱戴。南阳上缴的赋税也有大幅度增加。

晋平公对解狐的政绩感到十分满意，更赞赏祁黄羊荐举人才得当。当时晋国的法纪很混乱：地方官贪赃枉法，草菅人命；富人为富不仁，欺压良善。由于经常有人到京城告状，朝中急需一名判官审理这些案件。

> 围炉夜话

晋平公又征询祁黄羊的意见,说:"朝中缺一名判官,你看谁担任比较合适?"

祁黄羊说:"祁午当判官很合适。他公正廉洁,不徇私情,执法严明。"

晋平公惊讶地说:"祁午不是你的亲生儿子吗,你推荐他当判官,不怕别人说闲话吗?"

祁黄羊从容地说:"你问我谁可以当判官,我只考虑谁当判官称职,根本没想过我与被推荐人的关系。祁午是我的儿子,但我知道他更是一名称职的判官,所以推荐了他。"

晋平公虽然任命祁午当判官,但总觉得有些不放心,就不断地派人了解祁午的任职情况。派去了解情况的人回来告诉晋平公,祁午恪尽职守,办事公正,很得众人的好评。从此,晋平公对祁黄羊更加信任。

人心足恃　天道好还

伍子胥❶报父兄之仇，而郢都灭，申包胥❷救君上之难，而楚国存，可知人心足恃也；秦始皇灭东周之岁，而刘季❸生，梁武帝灭南齐之年，而侯景❹降，可知天道好还也。

有才必韬藏❺，如浑金璞玉❻，暗然而日章也；为学无间断，如流水行云，日进而不已也。

注释

❶ 伍子胥（xū）：春秋楚国人，父兄为楚平王所杀，子胥投吴，佐吴王夫差伐楚，五战而破楚都郢，掘平王墓，鞭尸复仇。

❷ 申包胥：春秋楚大夫。伍子胥借吴师伐楚，包胥入秦乞援，依庭墙哭七日，秦乃出兵援楚，楚乃得以保全。

❸ 刘季：即汉高祖刘邦，汉朝的开国之君。

❹ 侯景：南北朝时人，降梁武帝后又举兵反叛，围梁都建康，陷台城，使梁武帝被逼饿死。

❺ 韬藏：深藏。

❻ 浑金璞（pú）玉：纯金与未经雕琢的玉。

解读

春秋时的伍子胥，为了报父兄之仇，誓言灭楚，终于破了楚的首都郢，鞭仇人之尸。而当时的申包胥则发誓保全楚国，终于获得秦军救援，使楚国不致灭亡。由此可见，一个人如果决心很大，什么事都有可能办

围炉夜话

到。在秦始皇灭掉东周的那一年,刘邦也出生了,而后来正是刘邦推翻秦朝建立汉朝;在梁武帝灭掉南齐的那一年,侯景前来归降,而后来也正是侯景反叛了梁武帝。似乎可以看到没有永恒的成功和失败,人世间似乎也有生和灭的规律可循。

有才能的人一定精于韬光养晦,如未经琢磨的玉,未经冶炼的金一样,虽不耀人耳目,但日久便显现光彩。做学问一定不可间断,要像流水和行云那样,每日不停地前进。

故事链接

东汉末年,曹操挟天子以令诸侯,刘备虽为皇叔,却势单力薄,为防曹操谋害,刘备不得不在住处后园种菜,亲自浇灌,以为韬晦之计。

关云长和张飞蒙在鼓中,说刘备不留心天下,却学小人之事。一天,刘备正在浇菜,曹操派人请刘备,刘备只得胆战心惊地一同前往入

府见曹操。曹操不动声色地对刘备说："在家做得大好事！"

说者有意，听者更有心，这句话将刘备吓得面如土色，曹操又转口说："你学种菜，不容易。"

这才使刘备稍稍放心下来。曹操说："适才看见园内枝头上的梅子青青，想起以前一件往事，今天见此梅，不可不赏，恰逢煮酒正熟，故邀你到小亭一坐。"

刘备听后心神方定，随曹操来到小亭，只见已经摆好了各种酒器，盘内放置了青梅，于是就将青梅放在酒樽中煮起酒来了。二人对坐，开怀畅饮。

酒至半酣，突然阴云密布，大雨将至。曹操大谈龙的品行，又将龙比作当世英雄。问刘备："你说说当世英雄是谁？"刘备装作胸无大志的样子，说了几个人，都被曹操否定。

曹操此时正想打听刘备的心理活动，看他是否想称雄于世，于是说："夫英雄者，胸怀大志，腹有良谋，有包藏宇宙之机，吞吐天下之志者也。"

刘备问："谁能当英雄呢？"曹操单刀直入地说："当今天下英雄，只有你和我两个！"

刘备一听，吃了一惊，手中拿的筷子也不知不觉地掉在地下。正巧此时雷声大作，刘备灵机一动，从容地低下身拾起筷子，说是因为害怕打雷，才掉了筷子。

曹操此时才放心地说："大丈夫也怕雷吗？"刘备说："连圣人对迅雷烈风也会失态，我还能不怕吗？"刘备经过这样的掩饰，使曹操认为他是个胸无大志、胆小如鼠的庸人，从此曹操再也不怀疑刘备了。

| 围炉夜话 |

积善有余庆　积财易遗祸

　　积善之家，必有余庆❶；积不善之家，必有余殃❷。可知积善以遗子孙，其谋甚远也。贤而多财，则损其志；愚而多财，则益其过。可知积财以遗子孙，其害无穷也。

　　每见待子弟严厉者，易至成德❸；姑息❹者，多有败行，则父兄之教育所系也。又见有子弟聪颖者，忽入下流❺；庸愚❻者，转为上达❼，则父兄之培植所关也。

注释

❶ 余庆：遗及子孙的德泽。
❷ 余殃：遗及子孙的祸殃。
❸ 成德：成为有德业的人。
❹ 姑息：过于宽容。
❺ 下流：品性低下。
❻ 庸愚：平庸愚劣。
❼ 上达：品性高尚的人。

解读

　　行善人家，必然有多的吉庆；行不善的人家，必多祸殃。由此可知，广行善事以造福后代，称得上深谋远虑。贤能的人广积财货，就会消磨意志；愚笨的人广积财货，则会犯下更多的过失。由此可知，积累财产留给子孙，实在贻害无穷。

积善有余庆 积财易遗祸

经常见到对待子孙十分严格的人，容易使子孙养成好的品德；对待子孙姑息迁就的，容易教育出道德品行很差的人。又看见聪明的子孙，忽然成为品性低下的人；天资愚笨的，反而具有良好的品德，这些都与父兄的教导培养有关。

故事链接

薛包是汉安帝时期的汝南人。他年轻的时候就十分勤奋好学，对人也非常厚道，懂得礼貌。薛包母亲常年疾病缠身，他求医煎药，端水送茶，伺候得非常周到。

母亲去世后，父亲又娶了一房妻子。为了讨个好名声，继母对薛包面子上总还过得去。但时间一长，就开始在父亲面前说薛包的坏话。天长日久，父亲信以为真，就叫薛包出去自己过。

薛包伤心得没日没夜不停地哭泣，他很不想离开父亲。父亲就殴打他，撵他出去住。没有办法，薛包只好在院外搭个棚子，晚上睡在那里，早晨起来还是回到家里，洒扫庭院。

围炉夜话

父亲还是想逼他走,薛包实在没办法了,只好在庄外搭个小棚,住在那里,早晚还是回家来洒扫院子,伺候父母。不管刮风下雨,还是大雪飞扬,一年多来从未间断。薛包的孝心终于感动了父亲和继母,他们又准许薛包搬回家住了。

父母双双过世之后,继母生的弟弟要求分家。薛包一再劝阻,仍是无效,便主动把好的房屋、田地、器物、能干的用人,留给了弟弟,自己把老的不能干活或无家可归的用人领去,他说:"这些老人和我共事多年了,你不能使用他们啊,跟我去吧。"

田地,薛包拣荒芜贫瘠无法耕种的要;房屋,他拣破旧要倒塌的要;器具物品,他拣破烂的要。弟弟好吃懒做,不务正业,不久,就把分得的家产全卖光了。薛包就经常周济他,不袖手旁观,也不埋怨挖苦。

乡里人有的说:"你弟弟游手好闲,对你又不好,也不是一母所生,有钱也不能给他呀!"

薛包笑着回答说:"兄弟要团结友爱,这也好让九泉之下的老人能够放心,我不能让老人寒心哪。"

薛包的名声流传开来,汉建光年间,他得到了皇帝的重视,特召他当侍中官。薛包誓死不肯去就职。于是,皇帝允许他在老家守孝,直到他到老为终。

学贵有疑　人贵有德

人品之不高，总为一利字看不破❶；学业之不进，总为一懒字丢不开。德足以感人，而以有德当大权，其感尤速❷；财足以累己，而以有财处乱世，其累尤深。

读书无论资性❸高低，但能勤学好问，凡事思一个所以然，自有义理贯通❹之日；立身不嫌家世贫贱，但能忠厚老成，所行无一毫苟且❺处，便为乡党❻仰望之人。

注释

❶ 破：穿，透，揭穿。
❷ 速：快速，迅速。
❸ 资性：资质秉性。
❹ 义理贯通：义，道义。理，学理。指把道义与学理融会贯通在一起。
❺ 苟且：不守礼法、道义之处。随便的行为。
❻ 乡党：乡里，同乡之人。

解读

人的品德不高，都是因为看不透一个"利"字；学问没有长进，总是因为不能抛开一个"懒"字。品德足以感化他人，而品德高尚又有很高的威望，那么这种感化尤其迅速；钱财富足可牵累人，而有很多钱财又处在混乱的社会中，这种牵累尤其严重。

围炉夜话

读书不论资质秉性的高低,只要能勤学好问,任何事都问一个为什么,自有通晓道理的一天;立身社会不怕出身低微,只要忠厚老实,做事没有一点随意之处,就是乡邻敬仰的人。

故事链接

戴敦元是清初著名学者。他5岁时就能写很多字,阅读书籍过目不忘,当时人们都称他神童。他每天手不离书本,有时看书竟然忘了吃饭睡觉,简直成了书迷。

有一次,小敦元到舅舅家去,发现舅舅家有个书房。书房里的书可真多啊!很多是自己从来没见过的。戴敦元在书房里翻翻这本,看看那本,舍不得离开。

一会儿舅舅来了，他就恳求舅舅留他住下来，他要把这些没看过的书统统看一遍。那时戴敦元才六七岁。舅舅非常喜欢这个勤奋好学的小外甥，于是就爽快地答应了他的要求，并在书房里给他准备了一张小床，供他休息时用。

于是戴敦元就在舅舅家的书房里住下来，早晚不离开书房一步。早晨天还没亮，就从床上爬起来，点上油灯看书；晚上，一直读到夜里三更左右，还不肯休息。

舅舅看着小外甥这样用功学习，又是喜欢又是心疼，有时就到书房里来催他早点上床睡觉。可是刚等舅舅一走，戴敦元又从床上爬了起来，重新点起灯来读书。舅舅拿他也没有一点办法。

就这样，戴敦元在舅舅家住了整整一个多月，天天窝在书房里看书，简直是足不出户。当他读完了书架上的最后一本书以后，才与舅舅告别回家了。

由于戴敦元勤奋好学，10岁就被举为神童。当时学政彭元瑞给他出作文题，而戴敦元的文章写得典雅得体，竟然可以与当时一流的学者文章相媲美；彭元瑞又对他面试，戴敦元是有问必答，对答如流。

学政彭元瑞非常喜欢他，认为他将来必定会成为国家的栋梁之材，并鼓励他继续认真读书。从此，戴敦元读书更勤奋了，在15岁那年，他就经过乡试考中了举人，以后又在乾隆五十五年（公元1790年）中了进士。

围炉夜话

朴实浑厚　培子孙元气

孔子何以恶乡愿❶，只为他似忠似廉，无非假面孔；孔子何以弃鄙夫❷，只因他患得患失，尽是俗心肠。

打算❸精明，自谓得计，然败❹祖父之家声者，必此人也；朴实浑厚，初无甚奇，然培子孙之元气❺者，必此人也。

注释

❶ 乡愿：是指表里不一的伪君子。因这种人不易识别。故孔子说："乡愿，德之贼也。"
❷ 鄙夫：人品鄙陋、见识浅薄的人。
❸ 打算：精打细算。
❹ 败：毁坏，败坏。
❺ 元气：古人关于构成生命与自然的基本物质观念。

解读

孔子为什么厌恶表里不一的伪君子呢？只因为他看上去像是忠厚廉洁，实际上是伪装的假面孔；孔子为什么厌弃人品鄙陋、见识浅薄的人呢？只因为他凡事得失心太重，是个斤斤计较的卑鄙世俗的人。

凡过于计较，自以为计算周到，毫不吃亏的人，自以为得计，但败坏祖宗名声的必定是这种人；朴实忠厚待人的人，刚开始虽然不见他有什么突出的表现，然而培养子孙能够有一种淳厚之气的，就是这种人。

朴实浑厚　培子孙元气

故事链接

北宋词人晏殊，素以诚实著称。14岁那年，有人把他作为神童举荐给皇帝。皇帝召见了他，要他与一千多名进士同时参加考试。结果晏殊发现试题是自己十天前刚练习过的，就如实向宋真宗报告，并请求改换其他题目。

真宗非常赞赏晏殊的诚实品质，便赐给他"同进士出身"。晏殊当职时，正值天下太平。京城的大小官员经常到郊外游玩或在城内的酒楼茶馆举行各种宴会。

晏殊家贫，无钱出去吃喝玩乐，只好在家里和兄弟们读写文章。不久，真宗提升晏殊为辅佐太子读书的东宫官。大臣们惊讶异常，不明白真宗为何做出这样的决定。

宋真宗说："近来群臣经常游玩饮宴，只有晏殊闭门读书，如此自重谨慎，正是东宫官合适的人选。"

晏殊谢恩后说："我其实也是个喜欢游玩饮宴的人，只是家贫而已。若我有钱，也早就参与宴游了。"这两件事，使晏殊在群臣面前树立了信誉，而宋真宗也更加信任他了。

晏殊并没有因为自己的地位低下、家境贫困而改变自己做人的准则，最终赢得了众人的赞扬。人无论在何种情况下，都应该保持高尚的情操、坚定的志向，特别是在逆境中，更应该如此。

| 围炉夜话

明辨是非　不忘廉耻

　　心能辨是非，处事方能决断[1]；人不忘廉耻[2]，立身自不卑污[3]。

　　忠有愚忠[4]，孝有愚孝[5]，可知忠孝二字，不是伶俐[6]人做得来；仁有假仁，义有假义，可知仁义两答案，不无奸恶人藏其内。

　　权势之徒[7]，虽至亲亦作威福，岂知烟云过眼[8]，已立见其消亡；奸邪之辈，即平地亦起风波[9]，岂知神鬼有灵，不肯听其颠倒。

注释

[1] 决断：决定怎么办。

[2] 廉耻：廉，清正廉洁。耻，可耻、耻辱。古人将忠、孝、节、义、礼、仪、廉、耻作为基本的道德标准。

[3] 卑污：人格低下的人叫卑，贪污受贿叫污。一般泛指贪官污吏。

[4] 愚忠：盲目尽忠于某个人或某件事。

[5] 愚孝：指十分愚昧的孝行。

[6] 伶俐：灵活、聪明。

[7] 权势之徒：指喜欢玩弄权势的人。

[8] 烟云过眼：比喻极快消失的事物。

[9] 风波：纷扰、争端。

解读

　　心里能够辨别是非，处理事情就能做出决断；人能不忘记廉耻，为人

明辨是非　不忘廉耻

处世就不会做出品行低下的事。

忠诚之中有愚忠；孝行中有愚孝，可见，忠心和孝行不是那些所谓聪明人能做得来的；同样，仁和义中，也有假仁和假义，可知"仁"和"义"是两种概念，所谓"仁义"之士中未必没有暗藏奸恶的小人。

有权有势的人，即使是对极为亲近的人也要卖弄权势，哪里知道权势就像风吹云散一样马上就消失了；奸邪的人，就是无事也会惹出是非，哪里知道正义不会听任他颠倒黑白。

故事链接

缇萦是汉文帝时太仓长淳于意的小女儿。他父亲淳于意，是个精通医道的有名医生。后来他回家专门行医后，治好了不少疑难杂病，有钱没钱，他都给细心地瞧脉看病，因此，远近患者，应接不暇。

一天，淳于意要出门办点急事，就在大门外贴了一个告示："这两天有事出门，暂不看病，请谅。"不巧，有个地方上的大官得了个急病，老远地慕名而来，发现淳于意竟不在家，便立即派人去找，差人刚走不久，那官人就在淳于意的大门外病死了。

这可吓坏了那官人的几个手下，为了推卸责任，他们竟编了一个故事，回禀说："看错了脉，耽误了病，不然不会死的。"这可气坏了病人的家属，他们仗着官势，也不问个青红皂白，第二天便领着县里的公差登门抓人。

淳于意到家还没来得及看一眼妻室，就被公差抓走了。公堂上不容申辩，硬说他行医害人。判为"刖（yuè）刑"。

因为淳于意当过太仓长，是朝廷命官，判罪需有皇帝的批准，才能最后定罪行刑。这样就得把淳于意押解到京师去。

淳于意没有儿子，只有五个女儿，其中有一个名叫缇萦。别看她年纪小，又是女儿身，可从小就与众姐妹不同，特别刚烈，又有心计。她想，这不是以势压人，颠倒黑白吗？病人来看病时父亲不在家，有墙上的告示为证，怎么谈得上行医害人呢？她要到京师去说个明白。

她把自己的想法和众姐妹说了一遍。大家都为她捏了一把汗，可想到小缇萦的倔强，谁也没出面阻拦，大家只是说了些一路上要十分小心的话。父亲被押解进京那天，小缇萦早早地便起床了，洗了把脸，找齐了必备的用品，打了个小包，辞别众姐妹便上路了。

在一个十字路口，她等待着父亲。终于看到父亲了。几天不见，父亲苍老多了，又戴着刑具，小缇萦心疼地哭了起来，一下子扑在父亲身上，抽泣着说："我护送您上京去，路上我一定照顾好您！"父亲愣住了，忙说："你还小呢，又是个女儿家，怎能受得了路途的艰苦呢？"小缇萦坚持要去，毫不犹豫地说："我就是要去替父亲申冤。"说完便径直朝前走去。

解差们明明知道淳于意是冤屈的，本来就抱有同情，小缇萦的孝心和勇气更使解差们感动，一路上没有为难他们。小缇萦又聪明机警，一路上照顾父亲确实很周到，父亲少遭了不少的罪。

到京后，小缇萦就给皇帝写了信，诉说父亲的冤屈，要求免除父亲的"刖刑"。信中说："我父亲为官清廉，行医有术，现被人诬告受'刖刑'。人一受'刖刑'，不死也得残废，有罪，则失去了改过自新的机会；无罪，则无法弥补了。我甘心情愿卖身为奴，替父亲赎罪。请皇帝明察。"

汉文帝见缇萦人不大，对父亲的孝心却不小，说的道理也挺深刻，一时动心，就赦免了淳于意，让他领着小缇萦回家了。

后来，汉文帝也发现使用"刖刑"的坏处，常常冤枉好人，而无法纠正，就下令废除了"刖刑"。

富贵不着意　忠孝不离心

　　自家富贵，不着意里，人家富贵，不着眼里，此是何等胸襟❶；古人忠孝，不离心头，今人忠孝，不离口头，此是何等志量❷。

　　王者❸不令人放生，而无故却不杀生，则物命❹可惜也；圣人不责❺人无过，唯多方诱之改过，庶❻人心可回也。

注释

❶ 胸襟：原指上衣的衣襟，这里是以此比作胸怀坦荡。

❷ 志量：指高尚的志气和宽阔的量度。

❸ 王者：君王。

❹ 物命：万物的生命。

❺ 责：要求。

❻ 庶：庶几，差不多。

解读

　　自己富贵了，不放在心里，别人富贵了，不看在眼里，这是多么宽阔的胸襟；古人讲忠孝之义，总是放在心头，今天的人讲忠孝，常赞不绝口，这是何等高尚的气量。

　　君王虽然不命令人去放生，但也不会无故地滥杀生灵，这样便表示生命值得爱惜；圣贤之人不要求他人不犯错误，但会用各种方法引导人们改正错误，使人心由恶转善、改邪归正。

围炉夜话

故事链接

　　公元960年，赵匡胤陈桥兵变，黄袍加身建立了大宋朝，历史上称为北宋。北宋时期，北方契丹族建立辽国，经常侵犯宋朝边境，伤害宋朝百姓，掠夺宋朝财物。这时期宋朝出了一个爱国将领。他就是金刀"杨无敌"。

　　金刀"杨无敌"，原名杨继业，又叫杨业，山西太原人。他镇守北方边陲雁门关。有一年辽国派耶律沙、耶律休哥带兵十万，前来犯境，宋军探马早已报知杨继业，杨继业在代州附近（今山西省代县），设下伏兵。等敌军一到，杨继业等三声炮响，带兵冲出，敌军出乎意料，顿时乱了阵脚。杨继业更是一马当先挥动金刀连伤数名辽将，辽兵死伤惨重，急忙带残兵逃走。从此辽兵给杨继业送一绰号叫金刀"杨无敌"。

　　公元983年，辽国老王病死，12岁的耶律隆绪当了皇帝。他的妈妈萧太后替他管理朝事。北宋王朝想趁此机会，收复以前被辽国占领的地方。于是就派潘仁美、杨继业和呼延赞等带领三路人马去完成这个任务。

　　杨继业和潘仁美很快收复了好几个地方，可呼延赞等却打了败仗，因此北宋王朝立即命令三路人马全部撤回。

　　部队撤到狼牙村时，辽兵已尾追上来。杨继业对潘仁美说："敌人追得凶猛，咱派出一支人马吸引敌人，然后再派战斗力强的人马，布下伏兵出其不意杀退敌人，这样才能掩护大部队撤退呀！"

　　可是，不懂兵法的监军王侁，不同意杨继业的建议，还说杨继业害怕辽兵。这下可把杨继业给气坏了："王监军，我杨继业并不是贪生怕死的人，不过现在情况对我军不利，如果这仗硬打，会让战士白白送死。你说我怕死，给我三千人马前去攻打头阵。"然后他又对潘仁美说，"潘将军，前边有个地方叫陈家峪。我要是打了败仗，会撤到陈家

富贵不着意　忠孝不离心

峪，希望你能带兵在那里接应。这样两面夹击定能转败为胜。"

说完带兵冲入敌阵，好一个金刀"杨无敌"，金刀上下翻飞，敌人纷纷落马。杀了有几个钟头，敌军蜂拥而上，越来越多，杨继业的白盔白甲，都被血染红了，他也多处受伤，终因寡不敌众，败进陈家峪。

杨继业满以为能够得到潘仁美的接应，可是连一个援兵的影子也没见。他气得直跺脚，这时敌军又追上来了，杨继业带领残兵又和敌人拼杀起来。战着战着杨继业身边的战士只剩下一百多人了，可辽兵却越来越多。

杨继业含着眼泪对战士们说："你们都有妻儿老小，赶快冲出去逃命吧！"战士们也感动地说："老将军何出此言，要死咱们死在一块儿。"

敌人又冲上来了，战士们擦去泪水，又投入了激战。最后，杨继业的儿子杨延玉战死了，杨继业仍奋力拼杀。忽然一支飞箭射中了他的战马，杨继业被摔在地上。

辽兵抓住杨继业，想尽办法劝他投降，许他高官厚禄，他至死不降。最后，他几天几夜不吃不喝，为保卫国家献出了生命。

围炉夜话

处事辨是非　平正贵精详

大丈夫❶处事，论是非，不论祸福；士君子❷立言❸，贵平正❹，尤贵精详❺。

存科名❻之心者，未必有琴书之乐；讲性命之学者❼，不可无经济之才❽。

注释

❶ 大丈夫：有志气的男子。丈，我国的长度换算单位，十尺为丈。人长八尺，故曰丈夫。

❷ 士君子：周朝的"士"指州长、党正；"君子"指卿、大夫和士。这里统指读书人。

❸ 立言：树立精要可传的言论。古人认为，人生的三个最高标准，即修养完美的道德品行，建立伟大的功勋业绩，确立独到的论说言辞。"立言"是三个标准之一。

❹ 平正：持平公正。

❺ 精详：精要详尽。

❻ 科名：即功名。封建社会提倡科举制度，凡登科及第者均能封官赐爵。

❼ 性命之学者：性命之学即人文科学，也称为"人学"。性命之学者就是研究人文科学的学者。

❽ 经济之才：意指有经天纬地的济世才能。

处事辨是非　平正贵精详

解读

大丈夫处理事情，只讲对错，不讲祸福；读书人著书立说，重要的是立论公平正直，若能进一步精要详尽，那就更可贵了。

心中追求功名利禄的人，无法享受到琴棋书画的乐趣；讲求生命学问的人，不能没有经世济民的才学。

故事链接

谢弘微是东晋时孝武帝女婿谢混的侄儿。他一生不移志、不贪财，因而受到了人们的称赞。

东晋末年，谢混因参与反对刘裕的活动，而被迫自杀。为此，孝武帝命令其女儿晋陵公主回宫中居住，并让其女儿与谢家断绝婚姻关系。公主在离开谢家时，决定将全部家产委托给谢弘微管理。

这时，人们却议论纷纷，都说谢弘微交了财运，有了这笔财产，

几辈子也够吃够用了，可谢弘微却没有这么想。在他接管了这笔财产后，并没有据为己有。

他精心地管理着这笔家产，自己在生活上仍然同以往一样节俭。平日里，他从不乱花人家一个钱，即使花了一个钱、用了一尺布，也都一一记在账上。

后来，刘裕当了皇帝，晋陵公主降为东乡君，只得离开皇宫，重新回到谢家。这时，谢弘微捧出几年的账目，一一请婶婶清点过目。晋陵公主看到家里管理得井井有条，账目一清二楚，感动得泪流满面。

晋陵公主提出要把一部分财产分给侄儿，但谢弘微却坚持分文不收，婶婶从心底里感叹他真是个不移志、不贪财的好侄儿。

不久，晋陵公主因病去世。乡里人私下里认为，谢混没有儿子，两个女儿都已出嫁，她们尽可以把能搬动的东西拿走，而如住宅、田园等多少应留一些给谢弘微了。哪知，谢弘微仍然不要任何财产，反用自己的钱安葬了婶婶。

谢弘微就是这样，用自己的实际行动诠释了他视"金钱如粪土，仁义值千金"的高贵品格。

行善救人　脱身俗情

泼妇①之啼哭怒骂,伎俩②要亦无多,唯静而镇之③,则自止④矣。谗人⑤之簸弄挑唆⑥,情形虽若甚迫,苟淡⑦而置之,是自消矣。

肯救人坑坎⑧中,便是活菩萨⑨;能脱身牢笼⑩处,便是大英雄。

注释

① 泼妇:指蛮不讲理和用恶毒之语骂人的妇人。

② 伎俩:指某种手段或者花招。

③ 唯静而镇之:唯,只有、只要;镇,镇定。只要冷静、镇定地去处理这类事情。

④ 自止:止,停止。自然就停止了。

⑤ 谗人:喜欢用言语毁谤他人的小人。

⑥ 簸弄挑唆:即挑拨是非。指小人的劣行。

⑦ 苟淡:若无其事,淡漠的态度。

⑧ 坑坎:坑是山坑,坎即坎坷。这里以坑坎比作陷入极端艰难困苦的意思。

⑨ 菩萨:梵语"菩提萨"的略称,指具有慈悲与觉悟之心,能救度众生于苦难迷惑,并引导众生成佛的人。

⑩ 牢笼:关鸟兽的器具,比喻约束、限制人的事物。这里指世俗人情的束缚。

解读

蛮横而不讲理的妇人,任她哭闹、恶口骂人,也不过那些花样,只要

| 围炉夜话

定思静心,不去理会,她自觉没趣,自然会终止吵闹。好说人是非、颠倒黑白的人,不断地以言语来侵害我们,虽然自己似乎已经被他逼得走投无路了,如果不放在心上,对那些毁谤的言语,听而不闻,那么他自然会停止无益的言语。

肯去救助陷入艰难困苦中的人,便如同菩萨再世;能够摆脱世俗人情的束缚,便可以称之为杰出的人。

故事链接

那是在战国时期,晏子在齐国为相,有一天,他陪同齐景公外出游玩,登上一座高山。齐景公站在山峰上,见远处重峦叠嶂,一条水带绕山转,人们正在辽阔的田地上劳作。

景公顿觉心旷神怡,不无自得地感叹说:"真是大好河山!现在为我所有,只是不知以后又会是谁的天下!"

景公本想自己的子孙后代一定会继承自己的功业,希望晏子能赞誉他的伟大,不料晏子却回答道:"我想可能是田成氏!"

景公有些失望,但也吃了一惊,恼怒地说:"一派胡言,我是一国之君,他区区一个田成氏,怎么会继我之后统治齐国呢?他有什么过人之处吗?"

晏子不紧不慢地说:"大王息怒!田成氏没有什么特殊的才能,只是他乐善好施。相形之下,您的征税就有些繁重。他不惜把自己的俸禄赏给大臣,救济贫穷的人们;还大笔大笔地向外借钱,别人还的时候,他只收取很少的一部分利息,在齐国颇得人心。"

晏子见景公在认真听,就接着说:"田成氏说:'我的这些钱财本来就是取之于民,现在用之于民,是理所当然,我有什么好心疼的呢?'人民都为他的慷慨大方而感动,非常爱戴他。"

"不就是这些吗?我觉得没有什么了不起的,我不信他能得天下!"

"可是人心很重要。他的慷慨和仁慈把有才能的人都集于自己门下,那样的力量是无穷无尽的。每次杀牛后,他只取其中的一份,其余的都分给士兵,其他物品也一样,因此士兵都心甘情愿为他战死。齐国遭受饥荒时,他向外施舍粮食,周和秦等地的百姓,在遇到困难时也都千里迢迢地来投靠他。可以说他对人民是'爱之如父母',而人民对他则是'归之如流水'。"

景公听后悲从中来:"本应由我后代继承的大业将被田成氏占去,那不是太悲哀了吗?难道我命该如此吗?"

晏子安慰道:"您又何必担忧呢?您可以像田成氏那样,亲近贤人,帮助穷人,放宽刑罚,抚恤老弱病残者,对军中将士施以恩惠,自然会人心所向。再加上国家现有的实力,就算是十个田成氏也不能夺去您的天下!"

但是,景公并没有把晏子的话放在心上,依然如故。公元前386年,田成氏被列为诸侯;公元前379年,他没有受到任何阻挠就统一了齐国。齐景公的后代最终失去了王位。

| 围炉夜话 ■■■■■

志不可不高　心不可不大

气性乖张❶，多是夭亡❷之子；语言深刻，终为薄福之人。

志不可不高，志不高，则同流合污❸，无足有为❹矣；心不可太大，心太大，则舍近图远❺，难期有成矣。

注释

❶气性乖张：气性，指脾气性情；乖张，性情乖僻或执拗暴躁。性格怪僻，不讲情理，形容人偏执，不驯服，与众不同。

❷夭亡：短命早死，未成年而死。

❸同流合污：被恶人所同化而跟着做坏事。

❹无足有为：即无所作为。

❺舍近图远：只想图谋远虑的目标，而对就近可以完成的事不屑一顾。

解读

脾气性格偏执怪异的人，大多是早夭的人；言语刻薄尖酸的人，肯定是福分很少的人。

志向不能够不高远，志向不高远，就会受不良环境的影响，与庸俗低级之流交往多不能有所作为；心气不能太大，心气太大，不立足于眼前而好高骛远，就难有希望取得成功。

故事链接

米芾是宋朝非常著名的书法家。他自小就喜欢书法，但练习了几年，却一直没有突出的进展。有一天，从外地来了一个秀才，米芾听人说这个秀才字写得很好，于是前去向他求教。秀才答应收米芾做学生后，拿出一本字帖说："你回去后照这本字帖练习，写好之后再拿给我看。"

米芾回去后照着秀才的话做，很快就将字写好了。他去见秀才，恭敬地请他指教。秀才看了一下，就摇着头说："你要我教你写字，就必须要用我的纸。"

米芾立即答应道："没问题，只要老师愿意教我，就依您的指示做。"秀才又说："可是我的纸很贵，要5两银子一张。"米芾听见后虽然有些吃惊，但还是硬着头皮答应了。

米芾回去向母亲请求帮忙，母亲于是将首饰拿去变卖，再让米芾拿去买纸。米芾接过向老师买的纸，觉得它与普通的纸并没有两样，但是因为花了大把银子，因此不敢随便下笔。他望着字帖琢磨笔势半天，用手在桌面上来回照着写来写去，就是无法下笔。

秀才见到米芾半天还没写出一个字来，于是问他说："为何还不写？"米芾回答说："纸太贵，怕写坏了。"

秀才笑着说："你不写，要我如何教你呢？"于是米芾就非常用心地写了一个字，结果写出来的字比字帖上的字更好更有力量。就这样，米芾用秀才的纸练习了一段时间，书法技艺便有了长足的进步，为日后的成就打下了良好的基础。

其实，这个秀才已悄悄地与米芾的母亲商量好，将米芾拿来买纸的钱又还给了他的母亲，只是用这种方法激励米芾练字时更加用心而已。

| 围炉夜话 |

贫贱不能移　富贵要济世

贫贱非辱，贫贱而谄求①于人者为辱；富贵非荣，富贵而利济于世者为荣。讲大经纶②，只是实实落落；有真学问，决不怪怪奇奇③。

古人比父子为乔梓④，比兄弟为花萼⑤，比朋友为芝兰⑥，敦伦者⑦，当即物穷理也；今人称诸生曰秀才⑧，称贡生⑨曰明经⑩，称举人⑪曰孝廉⑫，为士者，当顾名思义也。

注释

① 谄求：阿谀而求之。
② 经纶：经世治民之学。
③ 怪怪奇奇：原意是奇怪，这里是指故弄玄虚。
④ 乔梓（zǐ）：古人以乔木喻父，梓木喻子，因为乔木高高在上，而梓木俯低若下。
⑤ 花萼（è）：花萼喻兄弟，因为同出一枝，彼此相依。
⑥ 芝兰：比喻朋友。"与善人居，如入芝兰之室，久而不闻其香，即与之化矣。"朋友贵在相劝，故以芝兰比喻朋友。
⑦ 敦伦者：指推崇伦理道德的人。
⑧ 秀才：读书人的通称。
⑨ 贡生：科举时代因品学兼优，被举荐升入太学的生员。
⑩ 明经：唐制以经义取士，谓之明经。
⑪ 举人：明清时乡试被录取的人。
⑫ 孝廉：明清举人的别称。

贫贱不能移　富贵要济世

解读

贫穷与地位卑微并不是耻辱的事，但因此去向人献媚就很可耻了；富贵也不是光荣的事，但乐于以此帮助他人却是很光荣的事。讲求大的学问和道理，应该能落到实处；真正有学问，绝不会故弄玄虚。

古时候的人，把父子比为乔木和梓木，把兄弟比为花与萼，将朋友比为芝兰与香草，因此，讲求人伦关系的人，应当就万物事理推及到人伦关系。现在的人称读书人为秀才，称被举荐入太学的生员为明经，又称举人为孝廉，因此读书人可以从这些名称中，明白一些道理。

故事链接

在春秋时期，有一年齐国出现严重饥荒，庄稼颗粒无收，老百姓们都吃不上饭，有许多人饿死了，没死的人也饿得奄奄一息了。

有个叫黔敖的财主，他家里囤积了许多粮食。看到灾情这么严重，他手下有人就向他提议说："外面饥民都好多天没有饭吃了，您要是熬点稀粥给他们喝，他们就会对您感恩戴德，您也能得到好名声呀！"

黔敖听了，觉得很有道理，就让家人在路旁架起大锅，熬了稀粥，施舍给那些饥民吃。那些饥民见黔敖施舍稀粥，对他都是千恩万谢的。黔敖心中非常得意，觉得自己就是这些人的救命恩人，忍不住趾高气扬起来。

这时，又有一个饿汉走来，只见他用破烂衣袖掩着脸，脚上拖着一双破鞋，走起路来还东倒西歪的，浑身没有一点儿力气。黔敖用勺子敲着锅沿，对那个人叫道："喂！过来吃吧！"他的语气中充满了轻蔑和傲慢。

奇怪的是，那饿汉对锅里的稀粥看都不看一眼，而是扬起脸，注视着黔敖说："我就是因为不吃这种轻蔑地呼唤别人来吃的人给的东西，才饿成这个样子的。我宁可饿死，也不会吃你这种饭。"饿汉说完，就蹒跚地向前走了。

> 围炉夜话

以身作则　心平气和

父兄有善行，子弟学之或不肖❶；父兄有恶行，子弟学之则无不肖；可知父兄教子弟，必正其身以率之，无庸徒事言词❷也。

君子有过行❸，小人嫉之不能容；君子无过行，小人嫉之亦不能容；可知君子处小人，必平其气以待人，不可稍形激切❹也。

注释

❶ 不肖：指不才，不正派或品行不好、没有出息等。
❷ 无庸徒事言词：不要做徒劳无功的事情以及说那些子虚无有的语言。
❸ 过行：有瑕疵的行为。
❹ 稍形激切：稍微表露急躁的形色。

解读

长辈有好的行为，晚辈可能学不像、比不上；如果长辈有不好的行为，则晚辈倒是一学就会，没有不像的。由此可知，长辈教育晚辈，一定要先端正自己的行为以引导他们，不能只是在言语上下功夫而不以身作则。

有道德的人行为稍有偏失之处，那些无德之辈，由于嫉妒而不能容忍，但是有德之人即使不犯过失，小人也不见得就能容忍。由此可知，君子与小人相处，一定要平心静气，不可有任何急切的言行。

故事链接

马援是东汉初期的名将，他居功不傲、谦虚谨慎，被传为佳话。

有一次,马援打了胜仗,率军凯旋,将要进城时,许多老朋友前来欢迎慰劳他。在欢迎人群中,有一位素以谋略才能闻名朝野的人,名叫孟冀。

马援一见孟冀,心里感到很不是滋味,于是便对他说:"您是一个富有谋略的人,我本期望能听听您的金玉良言,指点我努力方向。您怎么反而像普通人那样说起客套话来呢?我功劳微薄,却享受三千户赋税的领地,实在是深感惭愧啊。这样功小赏大,我用什么行动来报偿呀!您该用什么谋略来帮助我呢?"

孟冀摇了摇头,说:"我还没考虑到呢。"

马援见此情景,接着说:"如今匈奴、乌桓还在扰乱我国北方,我打算主动请求出征。困难当前,大丈夫应战死沙场,用马草裹着尸体埋葬,怎么能安然地在家里等着寿终正寝呢?"

马援以自己的行动实践了自己的诺言。当时已是62岁高龄的他,仍率兵征战在沙场,最后因病死于战场。

| 围炉夜话 |

守身思父母　创业虑子孙

守身不敢妄为❶，恐贻❷羞于父母；创业还须深虑，恐贻害于子孙。

无论作何等人，总不可有势利气❸；无论习何等业，总不可有粗浮心❹。

注释

❶ 妄为：胡作非为。
❷ 恐贻：恐怕的意思。
❸ 势利气：是指趋炎附势、唯利是图的习气。
❹ 粗浮心：粗疏草率而轻浮的心。

解读

一个人不敢胡作非为，是怕自己的不良行为会使父母蒙羞；开始创业时更要深思熟虑，以免将来危害到子孙。

无论做什么样的人，都不能有趋炎附势、追名逐利的习气；无论选择什么事业，都不能有轻浮草率的心思。

故事链接

南宋有个学者王次翁，是山东济南人。他学识渊博，五经六艺、诸子百家无不通晓。他家里十分贫穷，请不起教书先生，也没钱进学馆学习，读书全靠自学。学习需要书籍、课本，他买不起就向左邻右舍的读书人家借着看，借来之后就连夜抄写下来，然后赶紧把书还给人家。

守身思父母　创业虑子孙

功夫不负苦心人，不到20岁的年纪，他的学问已经很渊博了。而且他刻苦读书、自学成才的名声也在济南传开了，于是很多读书人都主动向他请教。

有许多希望孩子成材的家长，也主动来拜访王次翁，恳请他教育子女。盛情难却，王次翁就开始设立学馆教学。由于他教书教得好，名气越来越大，因此不但当地的来向他求学，还有很多不远千里背着书籍行李来向他求学的。他的学生越来越多，遍及全国各地，真是桃李满天下。

王次翁虽然学问很深，可是毫不满足，仍锐意进取，后来他放弃了教学这一职业，又考进了京师太学学习。当时京师太学是全国最高学府，王次翁希望自己能在太学获得更多的文化知识。

他靠的是几年来教书积攒的一点钱交纳学费进太学学习，然而学费很贵，外加自己的吃穿与零花钱，他教书得来的那点钱很难维持，只能节衣缩食，把省下来的钱用在买学习用品和书籍上。

晚上，他连点灯用的油都舍不得花钱买，就到邻舍太学生的房间里去与人家共用一盏灯读书。他一读书就是到半夜。

人家困了，想休息，可是看他读书那专心致志的样子又不忍心撵他走，只好陪着他读。时间长了，两个人在学习上相互切磋，倒成了很要好的朋友。王次翁在太学毕业以后，终于考中了第一名进士。

> 围炉夜话

东山可再起　江心补漏迟[1]

知道自家是何等身份，则不敢虚骄[2]矣；想到他日是那样下场，则可以发愤矣。

常人突遭祸患，可决其再兴，心动于警励[3]也。大家[4]渐及消亡[5]，难期其复振[6]，势成于因循[7]也。

注释

[1] 江心补漏迟：待江心漏了再来补就已经太迟了。书中意思是把江心比作社会机体，这个社会机体腐败了再来整治就太迟了。

[2] 虚骄：没什么真才实学，却自大骄傲。

[3] 警励：警，警诫；励，勉励、鼓励。

[4] 大家：旧指高门贵族，大户人家。

[5] 渐及消亡：慢慢地走向消败颓亡。

[6] 复振：复，重复，再次；振，振兴、振奋。

[7] 因循：沿袭旧法，不知变通。

解读

对自己的能力充分了解，就不至于虚浮骄傲；能够预测到不发奋图强的悲惨后果，就应该从此发奋努力了。

一个平常人突然遭到灾祸，可以立志战胜灾难，以图东山再起，在心中不断提醒和激励自己不要丧失信心。但当大家逐渐都意志消亡，就很难再期望这些人重新振作了，因为他们已形成相互因循走向失败的势头，难以改变了。

东山可再起　江心补漏迟

故事链接

明山宾是南北朝时的人，他曾做过南北朝梁朝的御史中丞。他做官清正廉洁，为人忠厚耿直。在担任州官时，正碰上灾年，颗粒无收。他竟把官仓的粮食拨出来救济百姓，也正因为这件事而触怒了朝廷。朝廷以他耗费国库为罪名，把他的田园房舍都没收归公了。

虽然明山宾做了好多年的官，但生活一直很清苦。一次，他穷得不得不把自己驾车的牛卖掉来支付家庭的生活开支。

这天，明山宾拉着牛到集市上来卖。站了好半天，也没有遇见一个买主。正在他心灰意冷准备回家时，有一个买主直奔他而来。

买牛的人说："今天奇怪了，我想买头牛，竟然没遇见，还好有你在这里，可救了我的急了！"那人围着他的牛转了几圈，见牛体形肥

瘦都合自己的意,问了一下价格,也很满意,就千恩万谢地买下了牛。

明山宾拿着卖牛的钱往家走。他一边走一边盘算怎样使用这笔钱。突然,他想起了一件事,便又急忙跑回了集市。回到集市,明山宾在人群中穿来穿去找那个买牛的人。

那人正向周围的人夸耀他买的牛如何便宜,看见明山宾追来,以为他要来重新讲价钱,便抢先道:"咱们可是讲定了的,一手钱,一手货,这牛现在是我的了。"

明山宾喘息了一阵说:"你误会了。我忘了告诉你一件事,这牛曾经患漏蹄症,虽然治好了,保不了以后不发病,这事我不能不告诉你。"

那人听了这番话,马上变了脸色,要和明山宾重新讲价钱。明山宾没有犹豫,按新讲定的价钱退还给那人很多钱。

周围的人见到这个情景便七嘴八舌议论开了。有的赞扬明山宾诚实,讲信用,有的说他太傻,不会做生意。明山宾却毫不理会,拿着剩下的钱坦然地离开人群,回家去了。

生命有穷期　学问无定数

天地无穷期❶，生命则有穷期，去一日，便少一日；富贵有定数❷，学问则无定数，求一分，便得一分。

处事有何定凭❸，但求此心过得去；立业❹无论大小，总要此身做得来。

注释

❶ 无穷期：永远存在而无止境的期限。
❷ 定数：犹言"定命"，古人认为，命运为天所定。
❸ 定凭：一定的凭据。
❹ 立业：创办事业。

解读

天地万物是无穷无尽的，人的生命却是十分短暂，过一天，就少一天；荣华富贵是命中注定的，可是做学问却没有止境，只要用功一分，知识便增长一分。

为人处世以什么作为标准呢，只要做到问心无愧就行了；创业不论大小，只要适合自己就行。

故事链接

刘勰自幼父母双亡，他孤苦伶仃地过着清贫的生活。有个叫曾佑的和尚很同情刘勰，便让他搬到寺院住。刘勰感激得直流眼泪。就这样，刘勰住进了寺里，和曾佑一起生活。寺里有许多藏书，如《论语》《孟子》等，还有各朝各代著名作家的诗集和文集。刘勰一见到书就埋头读起来，他的学问慢慢地有了长进。

有一天深夜，佛殿里忽然传来琅琅的读书声。小和尚们以为里面有鬼，立刻报告了老方丈。当他们去捉鬼时才发现，"鬼"原来是刘勰，他正借着佛灯读书呢！

刘勰在寺院里读了大量的书。渐渐地，他产生了一个愿望，那就是写一本论述如何写文章的书，传给子孙后代。于是，刘勰把自己认为怎样才能写好文章的想法写了下来。他写的书里还包括文学发展的历史、成就、经验和不足。

刘勰在书中还对许多作品进行了评论。经过三年的时间，刘勰的书写好了，书名叫《文心雕龙》。它是我国历史上第一部系统的文学批评理论专著。但当时刘勰的书并没有受到重视。因为，当时刘勰没有名气，写的书也就没人理会。他知道，要想让别人了解这本书，就必须找个有名望的人推荐才行。于是，他想到了当时的文坛领袖沈约。

刘勰借卖古书的名义，找到沈约家里说："大人，这部书是我用三年时间写的。我叫刘勰，是个平头百姓，因为很难见到大人，才想出这个主意。请大人恕罪！"

沈约听刘勰说得恳切，便决定看看再说。他直奔书房，打开《文心雕龙》看了起来。没想到，他立即就被里面的内容吸引住了。几万字的书，他一口气读完，连饭都忘了吃。

沈约很赞赏这部书。后来，在沈约的提倡和推荐下，《文心雕龙》很快被传播开来，成为不朽的传世佳作。

气性要和平　言语勿矫饰

气性[1]不和平[2]，则文章事功[3]，俱无足取；语言多矫饰[4]，则人品心术，尽属可疑。

误用聪明，何若一生守拙[5]；滥[6]交朋友，不如终日读书。

看书须放开眼孔[7]，做人要立定脚跟。

注释

[1] 气性：气质性情。
[2] 和平：中和平正。
[3] 文章事功：学问和事业的成就。
[4] 矫饰：故意做作而掩盖真相。
[5] 守拙：安于愚拙而不取巧。
[6] 滥：过度，没有节制地。
[7] 放开眼孔：比喻放开眼界、开阔心胸。

解读

一个人心气不平和，无论做学问还是立功业，都没有值得效法的地方；一个人言语虚伪，他的品德及心性都令人怀疑。

一个人的聪明如果用错了地方，还不如一辈子谨守愚拙；交朋友没有节制，还不如整天攻读诗书。

读书必须放开眼界，做人定要站稳立场。

| 围炉夜话

故事链接

　　吕岱是我国三国时期孙吴的将领。吕岱一生屡立战功，80岁时还统兵作战，享年96岁。吕岱不仅以年高领兵出名，更以诚选益友著称。

　　吕岱的益友是徐原。吕岱很早就认识了吴郡的徐原，几次听徐原慷慨陈词，觉得他是富有正义感的人。

　　后来，吕岱又经过不断地接触，发现徐原的志向十分远大，才略也非凡突出，便同他交了朋友。吕岱知道徐原家境贫寒，就带衣物去看望。吕岱认为徐原可成大器，就经常同他促膝谈心，激励他尽忠报国。

　　在吕岱推荐下，徐原做了官，因为主持正义、又有才能，很快就被提拔为监察政务的侍御史。徐原为人心忠胆壮，有话直说，对吕岱更是毫不客气。

　　只要吕岱做事不妥，徐原就前去劝阻，当面批评，毫不讲情面，语言刻薄，不管他能否接受得了。吕岱呢，认为这是"良药苦口利于病，忠言逆耳利于行"。他把徐原看成一面不可多得的镜子。

　　吕岱从这面镜子里看到了自己的形象，知道了哪里是是，哪里是非，避免了很多大的过失。有人不理解地对吕岱说："徐原对您太不留情了，亏您推荐了他！"

　　吕岱感叹地说："这正是我尊重他的缘故啊！"

　　后来，徐原去世了，吕岱哭得十分悲痛，对劝他的人说："孔子说：'益者三友……友直，友谅，友多闻……'徐原才真正是我吕岱的益友啊！他死了，我还能从哪里听到自己的过失呢！"

持身贵严　处世贵谦

严①近乎矜②，然严是正气，矜是乖气；故持身贵严，而不可矜。谦似乎谄，然谦是虚心，谄是媚心；故处公贵谦，而不可谄。

财不患③其不得，患财得，而不能善用其财；禄④不患其不来，患禄来，而不能无愧其禄。

交朋友增体面⑤，不如交朋友益身心⑥；教子弟求显荣⑦，不如教子弟立品行。

注释

① 严：庄严。
② 矜：自尊自大。
③ 患：原指祸患，此处用作担忧解。
④ 禄：官位、福气。
⑤ 体面：面子。
⑥ 益身心：对身心有所助益。
⑦ 显荣：显达荣耀。

解读

严肃近似傲慢，但严肃是正直之气，傲慢是不良习气，所以修身律己要严肃庄重，不可傲慢。谦虚与谄媚很像，而谦虚是心中宽广虚怀若谷，谄媚却是有意迎合讨好，所以为人处世贵在有谦虚之心，即不能有谄媚之态。

围炉夜话

不要担心得不到钱财，担心的是得到后不能好好地使用；不要担心高官厚禄不降临到自己头上，担心的是降临后却不能毫无羞愧地去面对。

交朋友为了增加面子，不如去交一些对自己身心有益的朋友。教导子弟去追求荣华，不如教诲子弟树立良好的品行。

故事链接

管仲和鲍叔牙是春秋时期齐国人。他俩自幼贫贱结交，相互间非常了解，非常知心。管仲和鲍叔牙都勤奋好学，知识渊博，成了当时才华出众的名人。管仲做了齐公子纠的老师，鲍叔牙做了齐公子小白的老师，两人各保其主。

后来，齐公子纠和齐公子小白因争夺君主地位，互相残杀起来。公子小白胜利了，当了齐国的君主，叫齐桓公。而公子纠被逼自杀，管仲被俘，成了阶下囚。齐桓公准备处死管仲。

这时，鲍叔牙已做了齐国的宰相，他千方百计地解救管仲，并向

齐桓公推荐管仲说:"管仲的才能大大超过我,要使齐国富强起来,非重用他不可。"

齐桓公听了鲍叔牙的劝告,用最隆重的礼节,请管仲当了齐国的宰相。而鲍叔牙反而成了管仲的助手。两人同心辅政,齐桓公很快成就了霸业。九次大会诸侯,使齐国成了春秋时期五个霸主中最早和最有名的一个。

管仲功成业就,十分感激知心朋友鲍叔牙,逢人便颂扬鲍叔牙的美德。他说:"我起初在困难时,曾和鲍叔牙一起经商,分财利时,我自己多分,鲍叔牙不认为我贪财,因为他知道我贫困。"

管仲说:"我曾经给鲍叔牙计划事情,可是没有计划好,把事情办糟了,鲍叔牙不认为我愚笨,他知道时机有时顺利有时不顺利。我曾经三次做官,三次被君主赶走,鲍叔牙不认为我品行不好,他知道是我没遇到好时机。公子纠兵败身亡。"

管仲感慨地说:"我被关进囚车受到各种侮辱但我没有自杀,鲍叔牙不认为我没有羞耻心,他知道我不以小节为羞耻,我所耻的是功名不显于天下啊!真是生我的是父母,知我的是鲍叔牙啊!"

管仲和鲍叔牙共同辅佐齐桓公长达四十余年,为齐国建立了不朽的功业。他俩互相知心知意,团结合作的美德为后人所称颂。

> 围炉夜话

君子如神　小人如鬼

君子存心❶，但凭忠信，而妇孺皆敬之如神，所以君子乐得为君子；小人处世，尽设机关❷，而乡党皆避之若鬼，所以小人枉做了小人。

求个良心❸管我❹，留些余地❺处人。

一言足以召❻大祸，故古人守口如瓶，惟恐其覆坠❼也；一行足以玷终身，故古人饬躬若璧❽，惟恐有瑕疵❾也。

注释

❶ 存心：安放自己的心。用心。
❷ 尽设机关：煞费心机，布置圈套的意思。
❸ 良心：天生的良善之心。
❹ 管我：严格要求自己，自我管理。
❺ 余地：余裕。宽余之处。"留余地"亦即让人。
❻ 召：同"招"，招惹之意。
❼ 覆坠：倾倒坠亡。
❽ 饬（chì）躬若璧：饬，整顿、整治。把自己整治得如铜墙铁壁一样，做事慎言谨行。永远保持自身如白玉般洁白无瑕。
❾ 瑕疵：玉上的斑痕，比喻过失。

解读

君子为人处世忠诚守信，所以妇人小孩都尊重他，将其视若神明，因

君子如神　小人如鬼

此君子愿意做君子；小人为人处世，用尽心机，使乡邻亲友都像逃避鬼魂一样，所以小人费尽心机也只是枉然。

要用拥有一颗良善心来要求自己；给别人留一些余地容身。

一句话不慎就有可能招来大祸，所以古人讲话十分谨慎，唯恐如瓶子落地会破碎一样招来杀身之祸；一件事行为不谨慎足以使自己一生清白受到玷污，所以古人行事十分谨慎小心，以保持身体如白璧般洁白，唯恐做错事使自己留下终身遗憾！

故事链接

商鞅，是中国战国时期卫国人，姓公孙，名鞅，后在秦国受封领地"商"，就称他为商鞅，也叫卫鞅。他是中国古代著名的社会改革家。

商鞅年轻时，就非常喜欢研究法律，是一个很有才华的人。开始是在魏国宰相公叔座手下当一名小官。公叔座发现他很有才能，曾向魏惠王建议让他治理整个国家，魏惠王没有采纳，所以，商鞅在魏国始终未被重视。

后来商鞅听说秦国要振兴国力，招募人才，为了施展自己的抱负，毅然离开魏国到了秦国。商鞅到秦国后，经人介绍，拜见了秦孝公，向秦孝公宣讲了"治世不一道，使国不法古"的道理以及富国强兵的办法，很受秦孝公的赏识。商鞅在秦孝公的支持下，制定了鼓励耕战的新法令。

商鞅制定的法令条文，对惩罚和奖励规定得都很明确，但也是很严格的。他认为要人们遵守法令，就必须先相信法令。他说："对人的行为怀疑就谈不上名义，对事情怀疑就谈不上取得成就。"

他怕老百姓不相信新法能真正实行，所以，在新法令制定好之后，没立即向老百姓公布，而首先取信于老百姓，要老百姓相信他商鞅说话是算数的，所制定的新法令是要按章办事的，说到做到。要树立变

围炉夜话

法的信实感,怎么办呢?

商鞅令手下人在咸阳都城南门市场上立了一个三丈长的木杆,公布告示,招募百姓把木杆搬走。如果谁能把木杆搬到北门,就奖励他十两银子。开始老百姓对这件事都感到很奇怪,谁也不敢搬。

过几天还没有人搬。于是商鞅便派人又贴出告示说:"能搬到北门的,奖励他五十两银子。"这时,有一个人抱着试试看的态度,把木杆从南门扛到北门。商鞅命人真的赏给那人五十两银子。这件事在老百姓中间传开了,相信商鞅说话算数,而不是哄骗人的。商鞅取得了老百姓的初步信任。事过不久,商鞅突然在全国公布了新法令。

新法实施以后,多数人能按法令规定办事,但也有少数人不守法令。商鞅对这些人不迁就,一律按法令办事。开始太子带头违法,商鞅在不便直接处罚太子的情况下,严厉地惩罚了太子的两位老师。这下,谁也不敢违法了,真正做到了令行禁止。于是秦国社会秩序大治,出现了道不拾遗、山无盗贼、家给人足的局面,为秦国后来的强大奠定了基础。

不较横逆　安守贫穷

　　颜子之不校[1]，孟子之自反[2]，是贤人处横逆[3]之方；子贡[4]之无谄[5]，原思[6]之坐弦[7]，是贤人守贫穷之法。

　　观朱霞[8]，悟其明丽；观白云，悟其卷舒；观山岳，悟得灵奇；观河海，悟其浩瀚[9]，则俯仰间皆文章也。对绿竹得其虚心；对黄华[10]得其晚节[11]；对松柏得其本性；对芝兰得其幽芳，则游览处皆师友也。

注释

[1] 不校：不计较。

[2] 自反：自我反省。

[3] 横逆：蛮横不讲道理。

[4] 子贡：孔子的得意门生，孔门十哲之一，子贡在孔门十哲中以言语闻名，利口巧辞，善于雄辩，且有干济才，办事通达，曾任鲁国、卫国之相。他还善于经商之道，曾经经商于曹、鲁两国之间，富致千金，为孔子弟子中首富。

[5] 无谄：不巴结、奉承、谄谀的意思。《荀子·修身》："谄谀我者吾贼也。"

[6] 原思：孔门弟子原宪，字子思，清静守节，安贫乐道。

[7] 坐弦：自在地弹琴取乐。

[8] 朱霞：红色的霞彩。

[9] 浩瀚：浩大广阔。

[10] 黄华：菊花。

围炉夜话

⑪ 晚节：菊经霜犹茂，以喻人之晚年节操清亮。

解读

遇到蛮横无理的人冒犯时，颜渊不与人计较，孟子则常常反省自己是否有过失，这是君子在遇到有人蛮横不讲理时的自处之道。面对贫穷困境，子贡不向富人献谄取媚，子思则安贫乐道，以弹琴自得其乐，这些都是贤良的人对待贫困的方法。

观赏美丽灿烂的彩霞，可以领悟到它光芒四射的艳丽；观赏天空飘浮的白云，可以领悟到它舒卷自如烂漫多姿的妙态；观赏高山雄峰，可以领悟到它灵秀挺拔的气概；观赏一望无垠的大海，可以领悟到它博大宽广的胸怀，在这些天地山河中，都可以体会到美妙的景致，到处都是好文章。

面对翠绿的竹子，可以品味到它的虚心有节；面对飘香的菊花，可以品味到它的高风亮节；面对苍松翠柏，可以品味到它的傲然不屈；而在面对芷兰香草时，能学习到人的品格应芬芳幽远，那么在游玩与观赏之中，没有一个地方不值得我们学习，处处皆是良师益友。

故事链接

张良是战国时期的韩国人。韩国被秦国灭亡时，张良虽然年轻，但却是胸怀大志，他到处求师访贤，要为韩国雪耻。有一次，张良在下邳的一座桥上散步，一位满头白发的老人走到他跟前故意将一只鞋子扔下桥去。

这时，老人对张良说："小孩子，快到桥下把我的鞋子取回来！"张良觉得很奇怪，一个毫不相识的老头，竟然如此不客气地下命令，一时火气就上来了，他不想去给老人捡鞋子。但又想：他是位老人，对老人应该尊重。于是，张良便压住心中的火气，跑到桥下把鞋子拾来递给了老人。

谁知老人并不用手接，竟把脚伸了过来，命令道："快给我穿上！"

不较横逆　安守贫穷

张良想：既然已经替他取了鞋子，好事做到底，就给他穿上吧！于是，就跪下去给老人穿好了鞋子。然而，老人只是对他笑了笑，就走了。

走了一段路，老人忽然转过身来，对张良说："我看你这个小孩子将来能有出息，我很乐意教教你。五天后一早，在这儿会面。"张良恭敬地连声说："是！是！"

第五天，天刚亮，张良赶到桥上，老人早已在桥上等着他了。老人见张良迟到了，便生气地说："和老人约会，怎么能迟到呢？过五天再来吧！"到了第四天的后半夜，鸡刚叫头一遍，张良就到了。谁知，老人又比他早到，老人生气地说："为什么又来迟了？过五天后再来。"

又到了第四天晚上，张良这次干脆不睡了。前半夜就赶到那里。等了一会儿，老人也来了，他说："这还差不多！"说着就从怀里取出一本书，递给了张良："给你，读熟了就能辅佐兴国立业的人……"

天亮以后，张良翻开一看，原来他得到的是一本《太公兵法》。他非常高兴，经常捧着书学习，从中学到好多用兵打仗的知识。后来，张良为汉高祖刘邦出谋献策，就是他深刻地理解了《太公兵法》的结果。

围炉夜话

行善自乐　奸谋自坏

行善济人，人遂得以安全，即在我亦为快意❶；逞奸谋事❷，事难必其稳便，可惜他徒自坏心。

不镜于水❸，而镜于人，则吉凶可鉴❹也；不蹶于山，而蹶于垤❺，则细微宜防也。

凡事谨守规模❻，必不大错；一生但足衣食，便称小康。

注释

❶ 快意：心中十分愉快。
❷ 逞奸谋事：持蛮逞恶、奸邪阴狠手段谋事。
❸ 镜于水：以水为镜。
❹ 鉴：明察。
❺ 不蹶于山，而蹶于垤：蹶，跌倒；垤，小土堆。意指没有跌倒在山上而跌倒在小土堆里。
❻ 谨守规模：谨慎遵守一定的规律和模式。

解读

做善事帮助他人，别人因此得到平安，那么自己也会感到愉快；通过奸邪的手段去行事，不一定能顺利得逞，而且可惜的是白白损坏了自己的心性。

如果不仅仅是以水为镜，而以他人为镜来反省自己，那么可以从中明白吉凶祸福的规律；在山上不容易跌倒，遇见小土堆却容易跌倒，说明从

行善自乐　奸谋自坏

细微之处加以预防十分重要。

凡事遵守一定的规则，一定不会出现什么大错；一辈子只要丰衣足食，就可以称得上是比较安逸的小康家境。

故事链接

江南常州无锡县东门外，有个小户人家，家里有兄弟三人。老大叫作吕玉，老二叫作吕宝，老三叫作吕珍。吕玉娶妻王氏，吕宝娶妻杨氏，都长得大方端庄。吕珍年幼还没有娶妻。

吕玉妻王氏生下一个儿子，小名叫喜儿，只有6岁。这天，喜儿跟邻舍家的孩子出去看迎神赛会，可一直到了深夜都没有回来。吕玉夫妻非常着急，他们贴出寻人启事，还请街坊邻居找了几天，都没有找到。

吕玉感觉在家里非常郁闷，就告别了王氏，决定出去做做生意，顺便换换心境。一天早晨，吕玉来到陈留县，偶然去厕所方便，见坑板上有一个青布包裹。打开看时，竟然全都是银子，有二百两左右。

吕玉心里想道："这些银子我带走也没有谁管，但是失主找不到，一定非常着急。古人都有见金不取、拾金不昧的美德。我今年已经三十多岁，儿子又丢失了，要这不义之财有什么用呢？还是在这里等等，看有没有人来找，有人找就还给他！"

吕玉等了一天，不见有人来找，第二天他只得起身，到南边有一个叫宿州的地方，住进了客店。

吕玉在客店遇到一个叫陈朝奉的客人，两人就闲聊起来。那个客人说起自己在五天前的清晨，到陈留县解下行李上厕所时，偶然看见官府一队人马从街上走过，心慌起来，就急忙离开，因此却忘记了解下的行李，他说行李里面有二百两银子。

那天，他一直匆匆赶路，到夜里脱衣要睡时才想起丢了东西。想着已经过了一天，可能早就被人拾去了，转去寻找，也不一定能找到。

吕玉一听，知道他就是自己要找的失主，忙取出包裹将二百两银

围炉夜话

子递给陈朝奉。陈朝奉喜出望外，立即说愿意与吕玉均分，但吕玉没有接受。

陈朝奉感激不尽，马上摆设筵席感谢吕玉。席间，两人谈到家里的情况，吕玉说自己有一个儿子几年前走失，现在想领养一个小孩。陈朝奉则说自己几年前收留过一个小男孩，情愿过继给吕玉。

两人一起来到陈家，陈朝奉叫出那个小孩，吕玉竟发现这个孩子正是自己丢失的儿子喜儿。

吕玉拜谢陈朝奉说："我的儿子如果不是你府上收留，今天我们父子怎么能够重逢？"

陈朝奉说："其实我也要感谢你，只因为你有拾金不昧的美德，才会有今天你们父子团圆的喜事啊！"

耐得烦 吃得亏

十分不耐烦①,乃为人大病②,一味学吃亏,是处事良方。

习读书之业,便当知读书之乐;存为善之心,不必邀为善之名③。

注释

① 不耐烦:不能忍耐烦琐之事。

② 乃为人大病:为人最大的缺点。

③ 不邀为善之名:邀,求得。做了善事不要到处宣传而获取行善的名誉。

解读

处事轻浮,耐不得麻烦,是一个人最大的缺点;为人处世抱着宁可吃亏的态度,就是最好的处世之道。

将读书作为自己的事业,就应当知道读书的乐趣;心中存有行善的心意,但不必去获取行善的名声。

故事链接

中国明末清初有个著名诗人,名叫唐汝询。他出身于"书香门第",家庭读书风气很盛。他生下来的时候,长得眉清目秀。由于受家庭环境的熏陶,他3岁的时候就开始跟着哥哥读书认字了。

但是,在他5岁那年,突然出了天花,经过医生抢救,虽然保住了生命,可他的两只眼睛却不幸失去了光明,从此他再也看不见书,看不到世间的一切了。

起初，唐汝询感到非常伤心，觉得这样活着，生不如死。可是过了一段时间，他逐渐安定下来了。心想，天下无难事，只怕不立志，只要刻苦学习，就一定能学到知识。于是，他每天摸到书房里去，用心听几个哥哥读书吟诗，并把听到的文章和诗歌一字一句地牢牢记在心里。

一个双目失明的人，要想记住许多文章和诗歌，自然是十分困难的事。他费尽心机死记硬背，同时也想出了一些办法帮助记忆。他仿照古时候人们使用过的结绳记事法，用几根粗细不一的绳子，在上面打上各种各样的结，把整篇文章和诗歌记录下来。

有时，他用刀子在木板或竹竿上刻出各种各样的刀痕，用来记录文章和诗歌。当几个哥哥出去玩耍，没人念书给他听的时候，他就摸着绳结和刀痕，大声地朗读。

因为唐汝询肯用功，虽然双目失明，读的书却不比几个哥哥少，成绩也不比他们差。后来，他不但读了许多书，而且学着作诗。

他作诗的时候，如果有人在身边帮忙，就大声把诗句念出来，叫人帮他写在纸上；如果没人帮忙，就依旧用结绳和刻刀痕的办法把诗记下来，等有人帮忙的时候，再把它翻译成文字，请人写在纸上。

由于唐汝询刻苦读书，所以取得了可喜的成绩，他一生写下了上千首好诗，出了好几本诗集，如《编蓬集》《姑蔑集》等。同时，还给一些深奥的唐诗做了注解，书名为《唐诗解》。这是他刻苦自励，不为双目失明而放弃学习，笃志读书，克服重重困难而取得的成就。

知己之错　取人之长

知往日所行之非❶，则学日进矣；见世人可取者多，则德日进矣。敬❷他人，即是敬自己；靠自己，胜于靠他人。见人善行，多方赞成；见人过举❸，多方提醒，此长者待人之道也。闻人誉言，加意奋勉❹；闻人谤语❺，加意警惕，此君子修己之功也。

注释

❶ 所行之非：指错误的恶劣行为。
❷ 敬：尊重。
❸ 见人过举：见到别人过分的言行举动。
❹ 奋勉：勉励振作，激励振作。
❺ 谤语：诋毁人的话。这里指批评人的话。

解读

能够认识到自己过去所为的错误，那么学问就在不断进步；能够看到他人行为中值得学习的地方，那么品德就会不断进步。

尊敬他人，就是尊敬自己；依靠自己，胜过依靠他人。看到他人好的行为，就百般称赞；看到他人行为失当，则用多种方法加以提醒，这是长者对待他人的方法。听到他人称赞自己的话，就更加勉励振作；听到他人批评自己的话，就更加留意自己的行为，这就是正人君子修身的功夫。

故事链接

黄霸是我国西汉时期的大臣。夏侯胜是我国西汉时期著名经师，

《今文尚书》学的开创人。公元前72年,汉宣帝提议为汉武帝创庙乐来颂扬他的功德,让大臣们展开"讨论"。结论只有一个:应该依照皇帝的命令办事。因为群臣里,奉迎巴结的有,胆小怕事的有,不负责任的有,都人云亦云,随声附和。有歧义吗?有。

唯独夏侯胜说:"汉武帝虽然有扩大疆土的功劳,却为此阵亡很多将士,耗尽国家人力物力。疆土稳定,他又封禅、求仙,挥霍无度,使得徭役繁重,百姓流离失所。他对人民没有什么恩惠,不应该为他创庙乐。"

大臣们听了夏侯胜的话,都非常害怕,为避免自己受到牵连,联名上书举报,说:"夏侯胜对皇上旨令妄加评论,对先帝肆意诋毁,实属大逆不道,应予治罪!"夏侯胜闻之,毫无惧色,正言道:"直言不讳,君子之行,随声附和,小人作为。我即言明,死而无憾!"

群臣愕然。丞相长史黄霸挺身而出。黄霸尽管平时与夏侯胜很少往来,但今天听了夏侯胜的铮铮之言,看到他凛然正气,十分敬佩,立时将他视为知己,便上前和夏侯胜站在一起,拉着他的手说:"先生也道出了我的心思,我愿与知己者共同赴死!"顿时,相知恨晚。

创庙乐的事定下来了,而夏侯胜却因犯诋毁罪被抓进了监牢,黄霸也因犯纵容罪入了狱。在狱中,他们谈国事,肝胆相照;议家事,情投意合。黄霸想向夏侯胜学《尚书》,夏侯胜认为早晚要赴死,拒绝了他。

黄霸说:"早晨知道了真理,晚上死也永远没有遗憾了。"夏侯胜非常钦佩他的观点,便答应了他的请求。寒来暑往,两个春秋过去了。他们对《尚书》的研究,也越来越深入。后来他们双双出了狱。大家都非常敬佩他们那种"交友贵相知"的精神。

奢吝俱败家　愚明皆覆事

　　奢侈足以败家；悭吝①亦足以败家。奢侈之败家，犹出常情；而悭吝之败家，必遭奇祸。庸愚②之覆事，犹为小咎③；而精明之覆事④，必见大凶。

　　种田人，改习尘市⑤生涯，定为败路；读书人，干与⑥衙门词讼⑦，便入下流⑧。

注释

① 悭吝：是指吝惜小气。类似守财奴。
② 庸愚：庸俗、愚蠢的想法。
③ 小咎：咎，过失，过错。指小的过失，小的过错。
④ 覆事：败坏事情。
⑤ 尘市：尘市本意为城镇，此处泛指市场上的商业行为。
⑥ 干与：参与。
⑦ 衙门词讼：替人打官司。
⑧ 下流：品格低下。

解读

　　奢侈挥霍的行为能够败坏家业，吝啬小气的行为也能够败坏家业。奢侈挥霍败坏家业，还符合一般的常情；而吝啬小气的行为败坏家业，一定是因吝啬而遭受意外之祸。由于愚笨而造成事情失败，还只是小的过失；因为精明而坏事，一定会出现大的祸患。

围炉夜话

种田的人，改学做生意，就是选择了一条走向失败的路；读书人，参与包揽诉讼的事情，品格便日趋卑下。

故事链接

晋武帝统一全国后，志满意得，完全沉湎在荒淫生活里。在他带头提倡下，朝廷里的大臣把摆阔气当作体面的事。在京都洛阳，当时有三个出名的大富豪：一个是掌管禁卫军的中护军羊琇，一个是晋武帝的舅父、后将军王恺，还有一个是散骑常侍石崇。石崇、王恺相互攀比财富奢侈程度，令人张目！

石崇到了洛阳，一听说王恺的豪富很出名，有心跟他比一比。他听说王恺家里洗锅子用饴糖水，就命令他家厨房用蜡烛当柴火烧。这件事一传开，人家都说石崇家比王恺家阔气。

王恺为了炫耀自己富有，又在他家门前的大路两旁，夹道四十里，用紫丝编成屏障。谁要上王恺家，都要经过这四十里紫丝屏障。这个奢华的装饰，把洛阳城轰动了。

石崇成心压倒王恺。他用比紫丝贵重的彩缎，铺设了五十里屏障，比王恺的屏障更长，更豪华。王恺又输了一着。但是他还不甘心罢休，向他的外甥晋武帝请求帮忙。晋武帝觉得这样的比赛挺有趣，就把宫里收藏的一株两尺多高的珊瑚树赐给王恺，好让王恺在众人面前夸耀一番。

有了皇帝帮忙，王恺比阔气的劲头更大了。他特地请石崇和一批官员上他家吃饭。宴席上，王恺得意地对大家说："我家有一件罕见的珊瑚，请大家观赏一番怎么样？"

大家当然都想看一看。王恺命令侍女把珊瑚树捧了出来。那株珊瑚有两尺高，长得枝条匀称，色泽粉红鲜艳。大家看了赞不绝口，都说真是一件罕见宝贝。只有石崇在一边冷笑。他看到案头有一支铁如意，顺手抓起，朝着大珊瑚树正中轻轻一砸。"哐啷"一声，一株珊瑚被砸得粉碎。

周围的官员们都大惊失色。主人王恺更是满脸通红，气急败坏地责问石崇："你……你这是干什么！"

石崇嬉皮笑脸地说："您用不到生气，我还您就是了。"

王恺又是痛心，又是生气，连声说："好，好，你还我来。"

石崇立刻叫他随从的人回家去，把他家的珊瑚树统统搬来让王恺挑选。不一会儿，一群随从回来，搬来了几十株珊瑚树。

这些珊瑚中，三四尺高的就有六七株，大的竟比王恺的高出一倍。株株条干挺秀，光彩夺目。至于像王恺家那样的珊瑚，那就更多了。周围的人都看呆了。王恺这才知道石崇家的财富，比他不知多出多少倍，也只好认输。

围炉夜话

衣食知足　学无止境

常思某人境界①不及我，某人命运不及我，则可以知足矣；常思某人德业②胜于我，某人学问胜于我，则可以自惭③矣。

读《论语》④公子荆⑤一章，富者可以为法⑥；读《论语》齐景公⑦一章，贫者可以自兴⑧。舍不得钱，不能为义士⑨；舍不得命，不能为忠臣。

注释

① 境界：境遇，境况。

② 德业：品德和事业。

③ 自惭：自我惭愧。

④ 《论语》：是孔子的弟子所著。

⑤ 公子荆：春秋时候的人物，一是卫国的大夫，一是鲁哀公之子。

⑥ 法：模式，标准。

⑦ 齐景公：齐灵公之子，齐庄公之弟，春秋时期齐国君主。齐景公既有治国的壮怀激烈，又贪图享乐。

⑧ 自兴：自我奋勉。

⑨ 义士：指有节操的人。

解读

常常想想某人的处境还不如我，某人的命运还没有我好，那么就会感到知足常乐；常常想想某人的品行超过我，某人的学问比我渊博，那么就会自我惭愧而发奋努力。

读《论语·子路篇》公子荆那章，觉得富有的人可以效法；读《论语·季氏篇》有关齐景公那章，觉得贫穷的人可为之而奋发。如果舍不得金钱，就不可能成为侠义之士；舍不得性命，就不可能成为一个忠心耿耿的臣子。

故事链接

中国古代的人们都很重视读书，为了鞭策和激励自己努力读书，他们想出了许多有趣的方法。例如，苏秦的"刺股读书"和孙敬的"悬梁读书"。

苏秦是东周洛阳人，是战国时的谋略家。他年轻时曾四处游说各国君主，希望能够取得一官半职。然而，他得不到任何一个君主的赏识，只好失望地回到家里。

家里人见他如此落魄，都不理他，认为他不务实，是个游手好闲的人。他的嫂子明知他腹中饥饿，也不肯给他做饭。苏秦并未灰心，而

围炉夜话

是暗暗发誓,将来一定要出人头地。

从此苏秦日夜苦读,不思食宿。有时读到半夜实在太困了,人虽然醒着,精神却振作不起来,他就用锥子刺自己的大腿,强迫自己振作精神。

"锥刺股"就是从此而来的。经过一番苦学,苏秦掌握了丰富的知识,天文、地理、医药、军事、古今法令、各国概况均熟记于胸。于是他再次离开家乡,谋求仕途。

这样一年以后,苏秦终于学有所成。当他再去游说各国的君主时,各国君主都对他另眼相看。苏秦得到了重用。

孙敬是西汉信都人,他饱读诗书,博学多才,是一名通晓古令的大学问家。他年轻的时候发奋求学,常常读书到深夜。看书时间久了,他有时不免会打瞌睡,等到一觉醒来,又懊悔不已。

有一天,孙敬正抬头冥思苦想,目光停在房梁上,顿时眼睛一亮。于是,他找来一根绳子,把头发系在绳子上,绳子系在房子的梁上。当瞌睡来的时候,孙敬的头会垂下来。此时系在梁上的绳子就拉直了头发,头皮的疼痛又使他惊醒。他顿时就睡意全无。从那以后,孙敬每天晚上都用这种办法苦读。年复一年地刻苦学习,使孙敬在当时的江淮以北颇有名气,常有学子不远千里来向他求教,讨论学问。

富贵要谦恭　衣禄需俭省

富贵易生祸端，必忠厚谦恭，才无大患❶；衣禄❷原有定数，必节俭简省❸，乃可久延❹。

作善降祥，不善降殃❺，可见尘世之间，已分天堂地狱；人同此心，心同此理，可知庸愚之辈，不隔圣域❻贤关❼。

和平处事，勿矫俗❽以为高；正直居心，勿设机❾以为智。

注释

❶ 大患：大祸害。
❷ 衣禄：指一个人的福禄。
❸ 节俭简省：即勤俭节省。
❹ 久延：长久之意。
❺ 作善降祥，不善降殃：意指常作善举的人一定能得到幸福，常做坏事害人的人必然会遭到灾殃。
❻ 圣域：形容圣人的境界。
❼ 贤关：原指进入仕途之门径，这里指达到贤德之人的品德。
❽ 矫俗：故意违背习俗。
❾ 设机：设置计谋，设置机关。

解读

大富大贵容易产生灾祸之源，一定要忠诚厚道谦逊恭敬，才会避免大的祸患；衣食福禄本来都有一定的限度，一定要俭朴节省，才能使福禄延

围炉夜话

续得长久。

行善上天会降下福分，作恶会招来祸患，由此可见，在人世间已经能看到天堂地狱的分别；人的心是相同的，心中的道理也是相同的，由此可知，愚笨平庸的人，并不被拒绝在圣贤的境界之外。

以和气平易的心情为人处世，不要显得与世俗格格不入，自视清高；以公正平直为心中的标准，不要耍手段显示自己的聪明。

故事链接

春秋时期，晋国国君晋献公听信谗言，误以为他的儿子重耳有谋取君权的打算，十分生气。于是，晋献公便下令捕杀重耳。重耳连夜带着亲信逃出晋国。途中，掌管他的钱财的家臣头须叛离。从此，他们身无分文，靠乞讨奔向齐国。

重耳在齐国躲藏了一些日子，并不顺心。在几位心腹家臣的帮助下，又流亡到秦国。秦穆公看到他一表人才，就招他做了女婿。

公元前636年，秦穆公对重耳说："我决定出兵晋国，送你回去挑起国君的担子。"

重耳想了想，说："可以，只是大王率兵到了黄河边上即可，做我的后盾，不必过河。"秦穆公点头答应了。

半月以后，秦国军队浩浩荡荡开到了黄河渡口。重耳望着对岸的晋国土地，自言自语地说："19年过去了，现在我终于又回来执政了！"

秦穆公派出一部分军队，由重耳率领过河，他自己则驻扎在河西，以作接应。

重耳向秦穆公告别以后，下令迅速渡河。过了一会儿，人马没有动静，重耳皱起眉头问："为什么还不行动？"部下禀报说："公子，壶叔讲，再等一会儿。"

原来，这壶叔是重耳的家臣，专管行李。他对重耳忠心耿耿，追随身边。逃亡期间，吃了许多苦，挨饿受冻，因而很懂得省俭。此时公子与众人马上就要返回晋国，他把重耳逃难时穿的旧衣服一件件洗好包得整整齐齐，准备带过河去。接着，他又将重耳早上吃剩的冷饭晾干，装好，让人送到船上。

重耳又等了一会儿，心中十分着急，于是，他匆匆下船，来到壶叔整理行装的地方，看看到底是怎么回事。

到了一只船边，重耳看到壶叔在匆匆整理搬送破破烂烂的东西，又好气又好笑，说："壶叔，你太糊涂了！我们现在不是逃难，而是返回晋国。我要当国君了。你想，到那时要啥有啥，你收拾这些东西有什么用？"

不等壶叔说话，重耳就命令将士："别装船了。已经装上船的，扔进河里。什么破旧物品也不要带过河去！"

壶叔听后，非常气恼，大声制止，然后，转过身来，指着重耳的鼻子，责备说："公子，您的话不对！这些东西虽旧，可它们陪您19年了！您难道忘了吗？流亡中您差点儿冻死饿死，是它们帮助您渡过了难关。何况这些东西还能用。您不能好了伤疤忘了疼呀！"

重耳听不进去，还是坚持把这些东西扔掉。重耳的老臣狐偃看到重耳不听规劝，大手大脚，也很伤心，于是取出秦穆公送给他的白玉说："如果您决心要抛弃这些有用的物品，您也像抛弃那些破烂一样，将我们也抛弃吧！就凭这些，您不会成就大业的。随从您的日子该结束了，这块白玉就作为分别的纪念吧。"

狐偃的话像警钟一样，使重耳认真思考起来。他觉得壶叔与狐偃说得有道理，自己怎么一下子糊涂了！地位变了，就喜新厌旧，大手大脚，那怎么能治理好国家呢！

重耳终于想通了，命令部下："按壶叔说的去做，有用的东西一律留下，把丢到岸上的那些东西也都捡回来。"

| 围炉夜话

君子拯救尘世　圣贤关心民生

君子以名教①为乐，岂如嵇阮②之逾闲③；圣人以悲悯为心，不取沮溺④之忘世。

纵容子孙偷安⑤，其后必至耽酒色而败门庭⑥；专教子孙谋利，其后必至争赀财⑦而伤骨肉。

谨守父兄教条，沉实⑧谦恭，便是醇潜⑨子弟；不改祖宗成法⑩，忠厚勤俭，定为悠久人家。

注释

① 名教：指人伦之教、圣人之教。亦为儒教之别名。

② 嵇阮（jī ruǎn）：指嵇康和阮籍，是魏晋时代竹林七贤的名士。

③ 逾闲：指逾越轨范，失于检点。

④ 沮溺：沮指长沮，溺指桀溺，为春秋时避世的隐士。

⑤ 偷安：偷闲安乐。

⑥ 败门庭：败坏家风。

⑦ 赀（zī）财：通"资"，指资财，钱财。《后汉书·刘盆子传》："母家素丰，赀财数百万。"

⑧ 沉实：稳重笃实。

⑨ 醇潜：表示忠厚谦虚，敦实沉稳的意思。

⑩ 祖宗成法：祖宗所遗留下来的教训及做事的方法。

君子拯救尘世　圣贤关心民生

解读

正直的人应该以研究圣贤之教为乐事，哪能像嵇康、阮籍等人不守规范崇尚清谈；圣贤的人抱有悲天悯人的胸怀，不能效法长沮、桀溺逃避尘世。

放纵容忍子孙沉溺于眼前的安乐，子孙以后一定会沉迷于酒色而败坏门庭；一心只教导子孙去谋取钱财，子孙以后一定会因争夺财产而伤害骨肉亲情。

谨遵家长教导，沉稳诚实、谦逊恭敬，就是忠厚的好子弟；不随意改变祖宗传下来治家的好方法，忠诚厚道、勤奋俭朴，一定能使家道延续、长久不衰。

故事链接

明初文学家刘伯温是明朝开国皇帝朱元璋的大臣，他关心百姓疾苦，时常便服简装出外察访民情。有一次，刘伯温下到江南，经过处州，决定到老家青田看看。等到了陈山埠，已是中午时分，他感到肚子很饿，见山下有户人家正围坐在院中吃一种黄澄澄的饼，便走过去向他们要了一张。

刘伯温咬了一口，顿觉这饼又涩又苦，难以下咽，便问这家主人："这是什么饼？"那人苦笑着说道："糠皮掺玉米做成的，这年头能吃到这样的饼，已经算不错了！"

刘伯温继续往前走，来到锦水境内，只见不少人在高山上砌石开田，个个汗流浃背的，就上前问道："你们为何这般辛苦？人家不是说'青田雨水滩连滩，锦水滩头栽牡丹'吗？"

一位老人停下手中的活儿，竟说出一首诗来："瓯江江水绿油油，从来田字不出头。种田儿郎没有十，一年到头眼泪流。"

刘伯温听罢，叹了口气，继续往前赶路，来到了洪府前。他心想：这里是当初南宋洪妃的故乡，生活准会好一些吧！但等他转过一个山峦，就看见一群衣衫褴褛的姑娘在摘苦菜，他不禁一惊，上前问道："你们摘苦菜做什么？"

其中一个姑娘答道："洪妃娘娘好风光，穷人难喝薄粥汤。三餐苦菜算不错，哪有皇家怜穷郎？"

刘伯温继续前行，爬上水南岭，坐在岭头凉亭里乘凉，见几个衙役押着一个骨瘦如柴的人走了过去，刘伯温问旁边的人说："这人犯了什么罪？"

那人答道："三年大旱三年荒，十成只收一成粮。缸无粒米难完税，衙役捉人苦难当。"

刘伯温这回全明白了，青田百姓已苦到这步田地了。于是，他连夜在岭头里面的村子里写起了奏章，请求给青田百姓减免租税。开头写道："青田，青田，叠石成田；山无粮，水无粮，税粮减半再减半……"

刘伯温日夜兼程赶回了京城。这天五更时分，他提早上朝，当时金銮殿里冷冷清清，一个人也没有。他悄悄将奏章展开放在龙书案上。

等朱元璋升殿坐定后，看到那个奏章，禁不住好奇地读出声来："青田，青田，叠石成田；山无粮，水无粮，税粮减半再减半……"

这时，只见刘伯温从容地跨出一步，面对群臣道："万岁降旨，青田税粮减半再减半！"紧接着跪地谢过了皇恩。朱元璋这时才恍然大悟，原来是刘伯温做的好戏，但"君无戏言"，只好准许减免青田的税粮。

莲朝开而暮合　草冬枯而春荣

莲朝开而暮合，至不能合，则将落矣，富贵而无收敛[1]意者，尚其鉴之[2]。草春荣而冬枯，至于极枯，则又生矣，困穷而有振兴志者，亦如是也。

伐字从戈，矜字从矛，自伐自矜[3]者，可为大戒；仁字从人，义字从我，讲人讲义者，不必远求。

家纵贫寒，也须留读书种子[4]；人虽富贵，不可忘稼穑[5]艰辛。

注释

[1] 收敛：指约束身心。
[2] 尚其鉴之：希望以之为借鉴。
[3] 自伐自矜：伐与矜都是自我夸耀的意思。指自夸自大，自以为了不起的意思。
[4] 读书种子：比喻累代读书之人，如种子相传，衍生不息。
[5] 稼穑（jià sè）：种谷为稼，收获为穑。泛指农业劳动。《史记·货殖列传》："好稼穑，殖五谷。"

解读

莲花早晨开放而在傍晚闭合，到了不能闭合时，那就是要凋落了，富贵而不知道自我约束的人，还要以此为鉴戒。野草春天繁盛到冬天枯萎，等到极枯时，就是又要发芽的时候，处于困境贫穷中而有振兴志向的人，也要以此自我激励。

围炉夜话

伐字的右边是"戈",矜字的左边是"矛","伐"和"矜"都有夸耀的意思,而戈、矛为古代兵器,有杀伤之意,所以自夸自大的人要引以为戒;仁字的偏旁是人,义字的下部是"我",所以讲求仁义的人不必舍近求远,从自己做起即可。

即使家境很贫寒,也要让子孙读书;虽然已经是大富大贵的人,也不可忘记耕种收获的艰辛。

故事链接

战国时期的吴起在治军方面,以爱惜士兵、与士兵共患难而闻名。有一年,魏文侯命令吴起统率大军攻伐秦国。西征之中,吴起与普通士兵一样,背着粮袋,徒步行走,而把战马让给了体弱的士兵骑。

吃饭的时候,吴起也不吃"小灶",而是与士兵们坐在一起,围着大锅,喝大碗汤、吃大碗饭,有说有笑,俨然一名普通士兵。睡觉的时候,吴起还与士兵们滚在一起,以天为被、以地为席。士兵们深受感动,打起仗来,都愿意为吴起出力。

当时在吴起的部队里,有一名士兵的背上生了个疽,由于军队正在行军,一时找不到良医好药进行治疗。吴起就亲自为士兵把疽中的脓液用嘴吸出来,为这位士兵治好了病。

这名士兵的母亲闻讯后,竟放声大哭。邻居大感不解,说:"吴将军为你儿子吸毒治疽,你不感谢吴将军,却哭泣不止,这是为什么?"

这位母亲回答道:"不是我不感谢吴将军,我是想起了我的丈夫啊!我丈夫以前也是在吴将军手下当兵,也曾长了背疽,当时,也是吴将军为他吸出毒汁治好病的。我丈夫感激吴起,打起仗来不要命,最终战死沙场。我儿子一定也会对吴将军感恩不尽,恐怕儿子的性命也不会长久了。"

吴起爱惜士兵,士兵甘愿为吴起拼死作战。魏、秦两军交战后,

莲朝开而暮合　草冬枯而春荣

　　魏军连战连胜，所向无敌，秦军一退再退，接连被吴起攻占了五座城池。魏文侯闻报，非常高兴，任命吴起为西河郡守，把保卫魏国西部的重任交给了吴起。

　　当然，吴起也没有辜负魏文侯的信任，他在镇守西河的27年里，率军与各路敌军大战76次，全胜64次，魏国领土也扩展了千余里。

| 围炉夜话 |

俭可养廉　静能生悟

俭可养廉，觉茅舍竹篱，自饶清趣❶；静能生悟，即鸟啼花落，都是化机❷。一生快活皆庸福❸，万种艰辛出伟人。

济世虽乏赀财，而存心方便❹，即称长者；生资虽少智慧，而虑事精详，即是能人。

一室闲居，必常怀振卓心❺，才有生气；同人聚处，须多说切直话❻，方见古风。

注释

❶ 清趣：清新的乐趣。
❷ 化机：天地造化的生机。
❸ 庸福：平凡人的福分。
❹ 存心方便：处处便利他人。
❺ 振卓心：振作精神，满怀大志的心愿。
❻ 切直话：实在而正直的言语。

解读

俭朴可以培养廉洁的品性，即使是住在茅棚竹屋中，也觉得很有情趣；安宁平静的环境可以使人领悟人生的真谛，即使是鸟儿鸣叫、花开花落，也都是天地造化之生机。一生快乐只是平凡人的福分，经历千辛万苦而建立功勋才能造就杰出的人物。

虽然没有足够的钱财去帮助他人，但只要存有与人方便的心意，就算得上是受人敬重的长者；天性虽不是特别聪明，但只要考虑事情周到细致，也能成为能力很强的人。

即使一个人清闲地独处时，也要常常怀有振作奋进的心志，才会有蓬勃向上的生机；与人相处，一定要多说恳切正直的话，这才能体现古之圣贤淳朴忠厚的风范。

故事链接

明太祖朱元璋是中国历史上有雄才大略的杰出皇帝，他与一般封建帝王不同之处在于讲究节俭。朱元璋出身农家，他放过牛、种过田，也做过和尚，还要过饭。

朱元璋在民间度过了24年颠沛流离、饥寒交迫的生活。后来，他投奔红巾军后，凭着自己的战功，从小亲兵一步步上升为控制半壁江山的吴王，在战场上度过了16年出生入死的戎马生活。

明朝建立后，朱元璋用宽猛结合的手段，重建中央集权的封建专制国家，以休养生息为方针，恢复和发展社会生产。朱元璋不喜欢饮酒，多次发布限制酿酒的命令。他不爱奢华，在营造宫殿时，工程设计者送来图样，他把雕琢考究的部分都去掉了。

朱元璋对中书省官员们说："宫殿只要坚固就行了，何必过分华丽。当初尧住的是十分简陋的茅屋土阶，却是历史上有名的好皇帝。后世竞相奢侈，宫殿里有无穷无尽的享乐，欲心一纵，就不可遏止，于是祸乱就产生了。假使做皇帝的能节俭，下面的臣子就不会奢侈。要知珠玉不是宝，真正的宝是节俭。今后一切建筑都要朴素，不准浪费民力。"

他命令太监在皇宫墙边种菜，不要建造亭台楼阁。有一次，司天监把元顺帝亲手制作的水晶自动宫漏，即比较高级的计时器献给朱元璋，却被朱元璋严厉地训斥了一顿。后来，江西送来陈友谅的镂金床，也遭到朱元璋的严厉训斥。

朱元璋为了让儿子得到锻炼，他规定诸子出城稍远，骑马十分之七，步行十分之三。朱元璋还带着太子朱标到农民家去，并告诫太子说："农民勤四体，务五谷，身不离田亩，手不离耒耜，终年勤劳。住的是茅屋，穿的是布衣，吃的是粗粮，国家经费还要从他们身上出。"

朱元璋的俭朴生活，使天下养成勤俭风气，化民成俗。朝廷内外许多官员都很俭朴。如济宁府知府方克勤在工作中的谨慎和生活上的俭朴，是明初廉吏的典型。他官职不低，月俸20石，但自奉简素，不服纨绔，一布袍十年不换。家中房屋坏了，属吏请为之修缮，他说："不要因为我的私事而劳民，自己买苇席障之，蔽风雨而已。"

朱元璋不仅自己以身率先、勤政俭朴，还立法定制，要使富者得以保其富，贫者得以全其生。对贪得无厌、横行不法的豪强地主，采取严刑重法加以打击，使当时的社会经济得以恢复和发展。

凝浩然正气　法古今完人

观周公①之不骄不吝②，有才何可自矜；观颜子③之若无若虚④，为学岂容自足。门户之衰，总由于子孙之骄惰；风俗之坏，多起于富贵之奢淫。

孝子忠臣，是天地正气所钟⑤，鬼神亦为之呵护；圣经贤传，乃古今命脉所系，人物悉赖以裁成⑥。

饱暖人所共羡⑦，然使享一生饱暖，而气昏志惰⑧，岂足有为；饥寒人所不甘，然必带几分饥寒，则神紧骨坚⑨，乃能任事。

注释

① 周公：周文王次子，姓姬名旦。
② 不骄不吝：不骄傲，不鄙吝。
③ 颜子：孔子的弟子颜渊，是孔子的得意门生。
④ 若无若虚：即虚怀若谷之意，有才能不显，有德行不炫耀。
⑤ 钟：聚集，汇集。
⑥ 裁成：裁剪，修成。
⑦ 共羡：共同艳羡。
⑧ 气昏志惰：意指消沉，丧失志气。
⑨ 神紧骨坚：精神抖擞，骨气坚强。

解读

古代圣贤周公不因为自己才德过人而有骄傲和鄙吝的心，所以有才能

围炉夜话

的人怎么能骄傲自大呢？孔子的弟子颜渊永保虚怀若谷的境界，所以做学问怎么能自我满足呢？一个家族的衰败，都是由于子孙的骄傲懒惰；而社会风俗的败坏，多是因为奢侈浮华之习气造成的。

孝子和忠臣，是天地间浩然正气凝聚而成，所以鬼神都会呵护他们；圣贤的典籍，都是从古到今维系社会命脉的灵魂，各种伟大人物都是在这些经典指导下成长起来的。

人们都希望过温饱生活，而这种人的志气松懈懒惰，这怎么能有所作为呢？人们都不甘心过饥饿和寒冷的生活，而只有受过寒冷和饥饿的，才会精神抖擞，骨气坚强，承担重任。

故事链接

孔奋是汉代扶风人。他从小就懂得事理，听从父母的教导，帮父母干力所能及的活儿，从不惹父母生气，不叫父母为自己操心，少年时就以孝敬父母闻名州里。

父亲去世之后，他为了减轻母亲的思念、悲痛和孤独感，侍奉母亲更加周到，待人接物、为人处世更加谨慎，以免母亲为自己操心或觉得生活不便。

他每天早晨起床后，第一件事就是到母亲屋里去请安，问寒问暖，问睡问食。直到母亲说："忙去吧！"才肯离去。之后，他便和妻子一起安排好母亲一天的饮食。

孔奋总不忘嘱咐妻子一定要把饭菜做好，香甜可口，好让母亲吃得高兴。每天晚饭后，不论忙或闲，他都要到母亲房里去坐坐，谈谈家务，说说见闻，为母亲解闷，听母亲教导，了解母亲的起居和身体情况。邻里们常在孔母面前夸孔奋孝顺，孔母听在耳里，乐在心里。孔奋对母亲的孝心在当地影响很大，他在当地的名望越来越高。

后来，孔奋当了地方官，他廉洁奉公，崇尚节俭，在当地形成了风气。他当了官，身价高了，对母亲的孝敬不但没有减弱，反而更加无

凝浩然正气　法古今完人

微不至，细心周到。

孔奋把每月领到的薪俸，首先给母亲买足食用的物品，保证母亲吃得可口，穿得舒适，余下的钱，全家才能动用。因此，他和妻子、孩子经常吃粗茶淡饭。

孔奋节衣缩食孝敬母亲，博得了乡里、亲友和同僚的普遍称赞。人们议论道："孝敬老人，让老人吃好穿暖，很多人都有这样的愿望。但各个人的情况不同，一家人生活的物质条件又是人人有份的，像孔奋那样，从家人身上节俭下来钱去孝敬母亲，确实是很难得的啊！"

| 围炉夜话 |

愁烦中具潇洒襟怀　暗昧处见光明世界

愁烦中具潇洒襟怀[1]，满抱皆春风和气；暗昧[2]处见光明世界，此心即白日青天。

势利人装腔做调[3]，都只在体面上[4]铺张，可知其百为皆假[5]；虚浮人指东画西[6]，全不向身心内打算，定卜其一事无成。

不忮不求[7]，可想见光明境界；勿忘勿助，是形容涵养功夫。

注释

[1] 潇洒襟怀：意指洒脱大方，胸怀宽广。
[2] 暗昧：昏暗，真伪不明。
[3] 装腔做调：故作姿态，矫揉造作。
[4] 体面上：表面上。
[5] 百为皆假：一切都是虚假的意思。
[6] 指东画西：言语杂乱，东拉西扯。
[7] 不忮（zhì）不求：忮，嫉恨。意指没有嫉妒之心也没有贪求的心念。

解读

在忧愁和烦闷的困境中能具备潇洒大度的胸怀和气魄，心里会充满春风和畅之感；在昏暗不明的境遇中有开朗博大的胸襟，内心就如在阳光普照的天地间那样明亮。

看重财产地位的人装腔作势，都只是做的表面文章，其所作所为都是

愁烦中具潇洒襟怀　暗昧处见光明世界

虚假的；轻率浮躁的人忽而东忽而西，内心中没有既定的目标，可以预料这样的人做什么事都无法成功。

不因贪婪而嫉妒，不因索取而奢求，可以看出一个人内心光明博大的境界；在涵养的功夫上，既不要忘记逐渐聚集道义的力量以培养浩然正气，也不要因为一时正气不足，就恨不得借助外力马上充盈。

故事链接

斛律光是南北朝时期的北齐人。他年轻时投身军队，屡经征战，很快就表现出组织指挥的才能，被委任为大将军。

斛律光百战百胜，在朝野有很高的威望。他身为大将军，但在生活上却始终注意节俭，反对铺张浪费。一些人劝他趁掌握要职时修建一所漂亮的宅第，但都被他拒绝了。

斛律光不修建宅第，不购置地产，不买贵重物品。对于他的俭朴，家人都能理解。但斛律光穿的衣服，不仅质地差，件数也少，他的夫人对此很有意见，叹着气对他说："你不购置衣服，出门穿着破旧，会被人耻笑。人家不仅仅笑话你，还要笑话我不会理财管家，不会照顾你！"

斛律光笑了，温和地说："你的心，我明白了。其实，我高兴了，你就不必伤心。现在这样，我已经十分满足了。人家说我寒酸，寒酸有什么不好？难道奢侈就好？"夫人不说话了，她知道，说也没用。

过了些日子，夫人自己做主，为斛律光做了一套很时髦的新衣服。当她双手捧给丈夫时，斛律光却说："夫人，你还是不了解我呀！我是军人，要这种衣服干什么？衣服只要保暖遮羞，不破不脏就可以了。这衣服我不能穿！"

斛律光为人正直清廉，遭到朝廷中一些贪官的嫉恨。当时，朝中有一个叫祖珽的小人，品质低下，善弄权术，常常在齐帝高纬面前说斛律光的坏话。

斛律光并不惧怕，大胆斥责祖珽。他说："祖珽弄权，我们的国家就要完了！"

祖珽对斛律光恨之入骨，决心害死他。他向齐帝诬告说："斛律光打了胜仗，是想争得名声，拉拢军队，日后好夺皇位。"

齐帝高纬听了祖珽的话，信以为真，下令逮捕斛律光，处斩，并抄没他的家产。祖珽心中暗暗高兴，带领人马捉回斛律光并亲自监斩杀了他。随后派大臣邢祖信率兵去抄斛律光的家，并叮嘱说："要抄细，抄出万贯家产以证明斛律光的虚伪。"

半天过后，邢祖信回来报告说抄家完毕。祖珽命他详细汇报抄到的东西。邢祖信望了望满朝文武大臣，说："斛律光将军全部值钱的家产如下：弓五十张，箭一百，刀七口，槊两支。"

祖珽听罢，脸上顿时没了血色。满朝文武哗然。祖珽还心存一线希望，恼怒地再问："除此之外，还抄到了什么？"

"还抄到了二十根枣树枝。"据斛律光家的仆人解释，斛律光生前不许仆人与外人打架，有打架者，用此枣树枝抽打一百下。

祖珽灰溜溜地逃走了，在场的正直的人无不为斛律光的节俭清廉和冤死而落泪。

求其理则数难违　守其常变亦能御

数①虽有定，而君子但求其理②，理既得，数亦难违；变固宜防，而君子但守其常③，常无失，变亦能御。

和为祥气，骄为衰气，相人者不难以一望而知；善是吉星，恶是凶星，推命者岂必因五行④而定。

人生不可安闲，有恒业，才足收放心⑤；日用必须简省，杜奢端⑥，即以昭俭德⑦。

注释

① 数：旧指气数、运数，即命运。
② 理：道理，法则。
③ 常：这里是指古人定下的常礼、常道。
④ 五行：指金、木、水、火、土，是古代术士们用来推算人一生吉凶祸福的玄学知识。
⑤ 放心：放逸的本心。
⑥ 杜奢端：杜绝奢侈极端的生活习性。
⑦ 昭俭德：显示勤俭、检点、朴实的美德。

解读

运数虽有限定，但君子做事只要求合乎事理，如果与事理相符合，运数也不会违背理数；对于事物的变化固然应该有预防的对策，但君子只要能持守常道，常道不失去，什么样的变化都能应付。

围炉夜话

平和就是一种祥瑞之气，骄傲则是一种衰败之气，所以看相的人很容易一眼就看得出来；善良就是吉星，恶毒就是凶星，算命的人根本不必按照什么阴阳五行也能推断出吉凶。

人活在世上不能够只满足于安逸闲淡，有了长久经营的事业，才能够将放失的本心收回。平常花费必须简单节省，杜绝奢侈的习性，就可以显示出勤俭的美德。

故事链接

东汉时期明帝刘庄，有个异母兄弟叫刘英，暗中勾结奸臣颜忠、王平等人，阴谋发动叛乱。汉明帝知道后十分震惊，他万万没有想到自己十分关心爱护的弟弟居然要造反，因而非常愤恨。所以下令，凡是与造反有一点牵连的人都要斩尽杀绝。

汉明帝还当着大臣们的面宣布，谁要是反对这样做，就以同党论处。这就是东汉时期有名的"楚狱"案件。颜忠、王平被抓起来以后，为减轻自己的罪责，就胡乱栽赃，诬陷好人。许多与"楚狱"无关的人，都被汉明帝诛杀或流放了，多至千人。满朝上下，人人自危，无敢言者。

督察御史寒朗参加了审理"楚狱"案件，见此情景，就下决心要为无辜者辩不白之冤，弄个水落石出。这时，颜忠、王平又揭发曲城侯刘建等人参与了谋反。

为了查证清楚，寒朗亲自审问刘建等人。刘建等人冤屈地说："我们与颜忠、王平等人连面都没见过，怎么会同他们一起谋反呢？"

寒朗听后，就命人将颜忠、王平押上来审问。寒朗严肃地问道："既然你们揭发刘建等人曾同你们一块儿谋反，那么，你们说说刘建等人都长得什么样子？"这一问，可把颜忠、王平问傻了，因为他们是胡编，根本没见过刘建等人。

寒朗听后非常气愤，决心冒杀头的危险，向汉明帝说明真相。他

求其理则数难违　守其常变亦能御

上朝向汉明帝奏道："刘建等人根本没有参与谋反，是受奸臣诬陷而已，现已查清，还有很多人都是无辜受害者。"汉明帝根本听不进去，暴怒地说："你明明是反对我处治参加造反的人，看来你是被人收买了。来人啊！把寒朗拉出去斩首示众！"

这时，朝廷上空气十分紧张，但寒朗却神态自若，他高声说："等一等，我早就做好了被杀头的准备，不过请皇帝听我把话讲完。"

汉明帝问："有什么话？"

寒朗理直气壮地说："我之所以要冒死奏明皇上，就是为防止无辜者受牵连，希望皇上能从盛怒中清醒过来。一些人助长皇上滥杀无辜，是为了自己当官，不是为了国家，这样下去冤狱越来越大，就会众叛亲离，那么江山就要被断送。我这些话，请皇上三思。"

寒朗的真诚、直率，使汉明帝醒悟了过来。觉得寒朗人品可贵，立即释放了寒朗，并经查实、审理，开释了一千多名无辜的受害者。寒朗这种舍生忘死平冤狱的精神，深得后人赞叹！

远见卓识　铁面无私

成大事功，全仗着秤心斗胆①；有真气节，才算得铁面铜头②。

但责己，不责人，此远怨③之道也；但信己，不信人，此取败之由也。

无执滞心④，才是通方士⑤；有做作气，但非本色人⑥。

耳目口鼻，皆无知识之辈，全靠者心⑦作主人；身体发肤，总有毁坏之时，要留个名称后世。

注释

① 秤心斗胆：比喻一个人心志坚定，胆识远大。
② 铁面铜头：比喻一个人公正无私，不畏权势。
③ 远怨：远离怨恨。
④ 执滞心：意指固执己见、不通人情世道的人。
⑤ 通方士：博学而通达事理的人。
⑥ 本色人：意指纯洁、忠厚、朴实无华的本分人。
⑦ 者心：这心。

解读

能够建立杰出功勋的人，完全依靠坚定的信念和超人的魄力；真正有气节的人，才可能铁面无私、不畏权势。

只严格要求自己，不苛求于他人，才是远离怨恨的处事方法；只相信自己，不相信他人，才是导致失败的处事方法。

远见卓识　铁面无私

没有执着滞碍的心，才是通达事理的人；有矫揉造作的习气，便无法做朴实无华的人。

耳朵、眼睛、嘴巴和鼻子，都是不能思维的器官，依靠人们的内心来指挥它们；身躯、四肢、头发和皮肤，随着人的死亡就会腐朽，但一定要有一个好名声千古流传。

故事链接

胡质是三国时魏国的一位太守，他为人正直，执政清廉，虽先后任过县令和太守，但其家人一直过着很清贫的生活。

有一年，胡质升任荆州刺史，他的儿子胡威从京都来看望他。由于家境清贫，没有车马仆童，胡威只得独自赶着毛驴前来探望父亲。父子在荆州相聚了十余天后，儿子胡威要返回京都了。临别时，胡质拿出一匹细绢，送给儿子以作为归途中的盘缠。

胡威见到这匹细绢，竟然大吃一惊，忙向父亲跪下，不解地问道："父亲大人，您一向廉洁清白，不知是从哪儿得到这匹细绢？"

胡质深知儿子的心意，高兴而又坦然地笑着对儿子说："孩子有所不知，这不是赃物贿品，而是我从薪俸中节省下来的，所以用来给你做路上的盘缠。"胡威听父亲这么一说，才伸手接过细绢，告别了父亲。

胡威独自赶着毛驴踏上了归途。一路上，他每到客栈，都是自己放驴、劈柴煮饭，从不雇用别人。三天后，一位自称去往京都的人，提出与胡威同行。

此人谈笑风生，为人慷慨大方，自和胡威同行之后，百般殷勤地照料着胡威。他不仅处处帮着胡威筹划出主意，有时还请胡威吃喝。

就这样一连几天，胡威心中暗暗地纳闷了。心想，此人看来心眼并不坏，但他与我素不相识，为什么对我一见如故，又如此百般殷勤呢？胡威对他的行为产生了怀疑。

原来，此人是胡威父亲胡质属下的一个都督，早就想巴结讨好胡质，但听说胡质为人正派清廉，最不喜欢溜须拍马的人，所以一直没找到合适的理由和时机。

这次，他听说胡质的儿子要独自回京都，自认为是个大献殷勤的好机会，于是他探听得胡威起程的日子，就以请假回家为理由，提前做好了准备，暗中带着衣食之物，在百里外的地方等着胡威，以便同他结伴而行。所以，他见到胡威后，才有这番表现。

胡威在多次与那人悄悄地谈心中，终于得知了真情。于是，胡威立即从自己的行包中取出了父亲送给他的那匹细绢，递给这位都督，以此偿还他一路花销的费用和情意。这位都督拒绝不收。

胡威说："我父亲的为人，你应该是知道的。他执政廉洁，为人清白，从不接受别人馈赠。我做儿子的如果仗着他的权势占别人的便宜，就等于在这匹白绢上面泼上了污水，岂不大错特错了吗？"

那都督看到胡威态度如此坚决，心想，真是有其父，必有其子，只好十分尴尬地拿着那匹白绢和胡威道别了。

后天需努力　小节要谨慎

有生资❶，不加学力❷，气质究难化也；慎大德❸，不矜细行❹，形迹终可疑也。

世风之狡诈多端，到底忠厚人颠扑不破❺；末俗以繁华相尚❻，终觉冷淡处趣味弥❼长。

能结交直道❽朋友，其人必有令名❾；肯亲近耆德老成❿，其家必多善事。

> 注释

❶ 生资：天赋优良的资质。
❷ 学力：努力学习。
❸ 慎大德：意指一个人的道德品行必须持重谨慎。
❹ 不矜细行：指不拘小节。
❺ 颠扑不破：仆，敲打。理义正当，不能推翻。
❻ 繁华相尚：意指崇尚繁华奢侈的生活方式。
❼ 弥：更加。
❽ 直道：正直而有道义。
❾ 令名：美好的名声。
❿ 耆（qí）德老成：德高望重的老年人。

> 解读

天资好，但后天不努力学习，终究难以得到感化；在大的德行上比较

围炉夜话

谨慎，但不注意细枝末节，终究不能让人信任。

人世间存在各种各样的狡诈行为，但为人忠诚厚道者，总会受到世人的尊敬；虽然近世的习俗崇尚繁华奢侈，但是觉得平淡宁静的日子更加意味深长。

能够结交走正道的朋友，这样的人也一定有好的名声；愿意与年高德劭老实的人亲近，这样的人家一定常做善事。

故事链接

金溪平民方仲永，世代以耕田为业。仲永长到五岁时，不曾认识笔墨纸砚。有一天，仲永忽然哭着要这些东西。父亲对此感到诧异，便从邻居家借来给他，仲永立即写了四句诗，并且题上自己的名字。

他的诗以赡养父母和团结同宗族为内容，传送给全乡的秀才观赏。全乡的秀才都惊奇不止，都认定小仲永是一个神童。从此，无论是谁指定物品让他作诗，他都能立即完成，并且诗的文采和道理都有值得欣赏的地方。

同县的人对此感到很诧异，渐渐地，人们便请他的父亲去做客；有的人用钱求仲永的诗作。他的父亲认为这样有利可图，每天拉着仲永四处拜访同县的人，不让他学习。

然而，仲永十二三岁时，再让他作诗，其诗已不能与从前的相比了。又过了七年，方仲永已经完全同普通人一样了。

北宋杰出的政治家、文学家王安石听说这件事后大发感叹地说："仲永的通达聪慧是先天得到的，他最终成为一个普通人，是因为他后天失去了学习的动力，没有奋发努力的结果。我辈切不可重蹈覆辙，让此类悲剧重演啊！"

解邻纷争　解说因果

为乡邻解纷争，使得和好如初，即化人之事❶也；为世俗谈因果，使知报应不爽❷，亦劝善之方也。

发达❸虽命定，亦由肯做工夫；福寿虽天生，还是多积阴德。

常存仁孝心，则天下凡不可为者，皆不忍为，所以孝居百行之先❹；一起邪淫念，则生平极不欲为者，皆不难为，所以淫是万恶之首。

注释

❶ 化人之事：意指感化他人的善举。

❷ 不爽：没有失误。

❸ 发达：与飞黄腾达同义。

❹ 孝居百行之先：百行，一切行为。古人把孝行看得较重，认为孝行是所有行为之首。

解读

为乡邻们排解纠纷，使他们和好如初，这也是感化他人的善事；向世人宣传因果报应的道理，使他们知道善有善报、恶有恶报的因果关系丝毫不差，这也是劝人向善的方法。

人的一生能够飞黄腾达虽然是命运中已经注定的，但还是由于这个人能够下苦功和不断努力；福分和寿命虽然是上天安排的，但还是要多做善事积下阴德。

围炉夜话

心中总存有仁爱孝顺之意念,那么只要是世界上不能够做的事,自己便不忍心去做,因此说孝行是一切行为中首先应该做到的;心中一旦存有淫恶的念头,那么平常极不愿意去做的事,都可能会做起来,所以说淫邪之心是各种坏行为的开始。

故事链接

乐颐是南阳涅阳人。他少年的时候,无论是说话或做事都十分谨慎小心,待人接物也特别和蔼诚实。家里人看他这样,个个心里乐滋滋的;邻里们见他如此,人人夸赞他一定是个有出息的好孩子。

乐颐读书十分勤奋,诸子百家,儒墨法杂,无不通晓。长大以后做了京府参军,由于他能力超群,秉性忠厚,在任期间深得上司的赏识,也深得同僚们的拥戴。

后来,他父亲在郢州家里病故,乐颐得到噩耗以后,急急忙忙跑到上司那里请假回家奔丧。由于思亲情切,半路上他常常哭得死去活

来。他想起父亲对他的养育和教诲，想起自己的成长过程，每一步都深深地印着父亲苦心的痕迹。

路上，他嫌车子走得太慢，索性跳下车子，飞一样向家乡的方向跑去，可由于感情太悲戚，没跑多久，他就累得晕倒了，醒来以后，他才发现鞋子跑丢了，脚也磨破了，血糊糊的。

一个商贩看他累得实在太可怜，问明原因后，强拉着他坐上了拉货的大牛车。就这样，一路上忧心如焚，几经周折，总算回到了家里。

乐颐年轻的时候曾经得过一场重病，他被病痛折磨得白天坐不稳，黑夜睡不安。白天，他常常躲在院子的角落里装作干活的样子，为的是不让老母亲为他担心。夜里，因为他的卧室跟老母亲的居室只是一墙之隔，为了不让老母亲发现他的病情，于是强忍住剧痛，决不发出一声呻吟。

有时他站起来走动，脚步也是轻轻的；有时他咬住被子，握紧拳头，强制自己躺在床上，所以他盖的被子也被他咬碎了一大片。在他患病期间，他也跟平时一样，按时问候母亲的起居饮食，从来没有间断过。

| 围炉夜话

自奉减几分　处世退一步

自奉❶必减几分方好，处世能退一步为高。

安分守贫，何等清闲，而好事者，偏自寻烦恼；持盈保泰❷，总须忍让，而恃强者，乃自取灭亡。

人生境遇❸无常，须自谋一吃饭本领；人生光阴易逝，要早定一成器❹日期。

注释

❶ 自奉：对待自己。
❷ 持盈保泰：事业到达极盛时，不骄傲自满，反能谦谨地保持着。
❸ 境遇：环境的变化和个人的遭遇。
❹ 成器：成为可用之器，即指一个人能有所成就的意思。

解读

给自己定生活标准一定要减去几分才适宜，为人处世能够退一步着想才算高明。

能够安守本分面对贫困，是多么清闲的境界，而好生事端的人，偏要自寻烦恼；在事业极盛时要保持平和安定之心，一定要注意忍让，自恃强大而不收敛，就会走向自我灭亡。

人一生的遭遇变化难料，必须要具备一技之长作为谋生的本领，才能少受环境困扰；人一生的寿命很短暂，时光容易消逝，必须尽早给自己定

自奉减几分　处世退一步

下成就事业的期限。

故事链接

铁木真是一个蒙古贵族家的长子，9岁时，父亲被仇家害死。从此，家境破落，生活贫困，他的母亲诃额仑靠拾野果，挖草根，艰难地养大了自己的5个孩子。

铁木真13岁时，有一天，家里的8匹骟马被贼抢去了，对于铁木真家来说，这是一个很大的损失。于是，铁木真自告奋勇骑马去寻找。路上遇到一个少年正在挤马奶，了解到铁木真的情况，非常同情他。

他给铁木真换下了疲惫不堪的坐骑，又给他带了很多食物，然后对他说："你的生活这样艰难，我们男子汉的艰难和责任都是一样的，我愿意做你的朋友，我叫孛斡尔出，我和你一起去找马吧！"

他们走了3天，又经过一场厮杀，终于赶回了那8匹马。铁木真很感激他，回到孛斡尔出的家，执意要留下几匹马作为酬谢。孛斡尔出一再

103

推辞,说:"我是看你有困难才来帮你,这完全是我自愿的,怎么能要你的东西?我家里很富有,父亲只有我一个儿子,所有的财产将来都是我的。我们是朋友,如果接受了你的酬谢,我还跟你做朋友干什么?"

孛斡尔出的父亲纳忽伯颜看到儿子交了一个新朋友,十分高兴,对他们说:"你们两人要团结,要互相关心、帮助,千万不要互相争斗,遗弃对方!"

从此,铁木真和孛斡尔出成了有难同当、有福同享的最亲密的伙伴,他的一生都和成吉思汗的事业紧密地联系在一起。

公元1206年,铁木真统一蒙古各部族,被推举为蒙古大汗,人称"成吉思汗"。他把从少年时代起就与他做伴,以后又随他出生入死打江山的孛斡尔出封为右翼万户。

在封赏的仪式上,成吉思汗深情地回忆了他们相识、相知的往事,他说:"我小时候去找马遇见你,你就和我做伴,你父亲有家财,为何与我做朋友呢?这是因为你是个很重义气的人。后来你又与我并肩战斗,行军中遇雨,你披着毡袍,一动不动地站立着为我挡雨,让我休息。对于我做的事,正确的,你鼓励我,帮助我去做;错误的,你批评我,阻止我去做。你是我最好的伙伴,是我的左膀右臂,你得到这样的赏赐是当之无愧的!"

正因为有孛斡尔出这样一些忠诚的朋友的辅佐,成吉思汗才能在很短的时期内征服为数众多的文明民族和国家,并以他卓越的军事才能和赫赫战绩震撼了世界。

川学海而至海　莠似苗而非苗

川学海①而至海，故谋道②者不可有止心；莠非苗③而似苗，故穷理④者不可无真见。

守身⑤必谨严，凡足以戕⑥吾身者宜戒之；养心须淡泊⑦，凡足以累吾心者勿为也。

人之足传⑧，在有德，不在有位；世所相信，在能行，不在能言。

注释

① 川学海：川指河流，意指河流学习大海。
② 谋道：追求学问及人生的大道理。
③ 莠非苗：莠指野草，意指野草不是禾苗。
④ 穷理：探究事物真理的人。
⑤ 守身：持守自身的行为、节操。
⑥ 戕（qiāng）：残害，残杀。
⑦ 淡泊：求得安适之意。
⑧ 足传：值得让人传说称赞。

解读

江河学习大海的兼容并蓄而最后能到达大海，所以追求学问的人不能够有停滞不前的心态；野草不是禾苗却长得与禾苗相似，所以探究事理的人不能没有真知灼见。

保持自身的节操必须谨慎严格，凡是能够损害自己操守的行为都应

围炉夜话

该戒除；养成宁静淡泊的心胸，凡是会使我们心灵疲惫不堪的事都不要去做。

人的名声足以被人流传赞美，在于有良好的品德，不在于有多高的权位；世人相信一个人，主要看他的行动如何，并不看他是否会说。

故事链接

王羲之，字逸少，晋代琅琊临沂人，是中国古代著名的书法家。王羲之从小练字，7岁的时候，已经写得很不错了，继续练了四五年，总感到进步不大。

有一天，他在父亲的枕头里发现一本名叫《笔谈》的书，里面讲的都是有关写字的方法，高兴得如获至宝，偷偷地阅读起来。正当读得起劲的时候，父亲来了，问道："为什么偷我枕中秘书？"羲之笑而不答。母亲想给他打圆场，从旁插了一句："你是在揣摩用笔的方法吗？"父亲认为他年纪太小，未必能够读懂，就把书收了回去，对他说："等你长大了再教你读。"王羲之不高兴地说："如果等我长大了才讲究笔法，那我这几年的时光不就白白浪费了吗？还是让我现在就学吧，免得不懂方法瞎摸索。"父亲听他说得有理，就把书给了他。于是，王羲之按照书中所讲方法天天苦练起来，不久，他的书法有了显著进步。

但是，王羲之并不满足已有的进步。有一次，他看见东汉书法家张芝的书迹，真是爱不释手，自叹不如。张芝的草书写得好，人们称他为"草圣"。王羲之不仅爱慕他的字，更钦佩他"临池学书，池水尽黑"的苦练书法的顽强精神。在给朋友的一封信里，王羲之写道："张芝就着池塘的水练书法，连池水都变黑了，如果人们也下这么深的功夫去练习，未必会赶不上张芝。"

从此，王羲之每天挥笔疾书，写完字后就到家门口的水池去涮笔。久而久之，池水都染黑了，人们把这个水池称作"墨池"。根据记

川学海而至海　莠似苗而非苗

载，王羲之居住过的绍兴兰亭、江西临川的新城山、浙江永嘉积谷山以及江西庐山归宗寺等处，都有他的墨池。

王羲之勤学苦练书法，他草书学张芝，正书学钟繇（yóu），并且博采众长，推陈出新，终于形成了自己书法的独特风格，创造了一种漂亮流利的书法，后来人们称他为"书圣"。

| 围炉夜话 |

称誉易无怨难　田产不如恒业

与其使乡党有誉言❶，不如令乡党无怨言；与其为子孙谋产业❷，不如教子孙习恒业。

多记先圣❸格言，胸中方有主宰；闲看他人行事，眼前即是规箴❹。

陶侃❺运甓官斋❻，其精勤可企而及❼也；谢安❽围棋别墅，其镇定非学而能也。

注释

❶ 誉言：称誉的言辞。

❷ 产业：田地房屋等能够生利的叫作产业。

❸ 先圣：指先圣先贤。

❹ 规箴（zhēn）：规劝、劝告。

❺ 陶侃（kǎn）：是晋代名臣，曾任广州刺史。

❻ 运甓（pì）官斋：甓，砖的一种。这是一个典故，即陶侃任广州刺史时，每天早晨将一百块砖运到斋外，黄昏时又从斋外运进斋内，是自行锻炼身体的一种方式。

❼ 可企而及：能够做到的意思。

❽ 谢安：晋阳夏人。淝水之役，前秦苻坚投鞭断流，人心为之惶惶，当时谢安为征讨大都督，丝毫不惊慌，闲时仍与友人下棋，镇定如常，最后他的侄儿谢玄大破苻坚于淝水。

称誉易无怨难　田产不如恒业

解读

与其去追求乡邻的赞扬，不如让乡邻对自己毫无抱怨；与其为子孙去谋求田产和财富，不如教育子孙学习谋生的能力。

多记圣贤所说的警世之言，胸中才会有主见；旁观他人做事的得失，眼前发生的这些事也可作为规劝的借鉴。

晋代的名臣陶侃，闲居广州时，每天早晨将砖运到外面，傍晚再将砖搬进屋内，以磨炼自己的意志，培养性情，这种精勤的态度是我们能做得到的。晋代名相谢安，在听到惊喜之讯时，仍然能和朋友从容不迫地下棋，这种镇定的功夫，就不是我们能学得来的。

故事链接

那是在北宋的时候，有个杰出的文学家和史学家名叫欧阳修。在欧阳修出生后的第四年，父亲就离开了人世。于是，家中生活的重担，全部落在欧阳修的母亲郑氏身上。

为了生计，母亲不得不带着4岁的欧阳修从庐陵来到随州，以便得到住在随州的欧阳修叔父的照顾。

欧阳修的母亲郑氏出生于一个贫苦的家庭，只读过几天书，但却是一位有毅力、有见识、又肯吃苦的妇女。她勇敢地挑起了持家和教养子女的重担。

欧阳修很小的时候，郑氏就不断给他讲如何做人的故事。每次讲完故事，郑氏都要把故事做一个总结，让欧阳修明白其中做人的道理。她特别教导孩子：做人不可随声附和，不要随波逐流。

欧阳修稍大些，郑氏就想方设法教他认字。她先是教欧阳修读唐代诗人周朴、郑谷的诗，和当时流行的九僧诗。尽管，欧阳修对这些诗一知半解，但他对读书的兴趣却日益增强。眼看欧阳修就到了上学的年龄，郑氏一心想让儿子读书，可是家里穷，买不起纸笔。

围炉夜话

郑氏眉头紧锁。有一次,她看到屋前的池塘边,长着类似芦苇的荻草,突然想到:用这些荻草秆在地上写字,不是也很好吗?于是,她用荻草秆当笔,铺沙当纸,开始教欧阳修练字。

欧阳修按照母亲的教导,在地上一笔一画地练习写字。他反反复复地练,错了再写,直到写对写工整为止,一丝不苟。这就是后人传为佳话的"画荻教子"。

幼小的欧阳修在母亲的教育下,很快爱上了诗书。他每天勤写多读,知识积累得越来越多。因此,他很小时就已经很有学问了。

有济人之心　无争强之意

但患我不肯济人❶，休患我不能济人；须使人不忍欺我，勿使人不敢欺我。

何谓享福之才，能读书者便是；何谓创家❷之人，能教子者便是。

子弟天性未漓❸，教易入也，则体孔子之言以劳之（爱之能勿劳乎），勿溺爱以长其自肆❹之心。子弟习气已坏，教难行也，则守孟子之言以养之（中也养不中，才也养不才），勿轻弃以绝其自新之路。

注释

❶ 济人：救济别人。
❷ 创家：建立家庭。
❸ 天性未漓（lí）：漓，浅薄。意指小孩的天性还不成性时。
❹ 自肆：自我放纵。

解读

只担心自己不愿意去帮助接济他人，不怕自己没有能力帮助人；应该使他人不忍心欺侮我，而不要让人不敢欺侮我。

什么样的人可以称作享福的人，能够读书并能从读书中得到快乐的人就是；什么样的人可以称作能创立家业的人，有能力教导子孙并善于教导子孙的人就是。

当子弟的天性还未受到污染时，教导他比较容易，那么应该按照孔子所说的"爱之能勿劳乎"去教导他，不要过分宠爱他，滋长他放纵不受约

围炉夜话

束的习性；当子弟已经养成了坏习气，再教导他很难奏效了，那么应该遵循孟子所说的"中也养不中，才也养不才"去教养他，不能轻易放弃，使他失去改过自新的机会。

故事链接

窦燕山是五代后晋时期人。他的老家是蓟州渔阳，也就是今天天津的蓟州区。过去，渔阳属古代的燕国，地处燕山一带，因此，后人称窦禹钧为窦燕山。

窦燕山出身于富裕的家庭，是当地有名的富户。据说：窦燕山为人不好，以势压贫，有贫苦人家借他家粮食时，他是小斗出、大斗进，小秤出、大秤进，明瞒暗骗，昧心行事。由于他做事缺德，所以到了30岁，还没有子女。

窦燕山也为此着急。有一天晚上做梦，他死去的父亲对他说："你心术不好，心德不端，恶名昭彰于天曹。如不痛改前非，重新做

人，不仅一辈子没有儿子，也会短命。你要赶快改过从善，大积阴德，只有这样，才能挽回天意，改过呈祥。"

从此，窦燕山暗暗下定决心，要痛改前非，那些缺德的事再也不做了。有一天，他在客店中捡到一袋银子。为找到失主，他在客店里整整等了一天。失主回到客店寻找丢失的银子时，他原封不动地将一袋银子归还给失主。

窦燕山还在家里办起了私塾，请名师教课。有的人家没有钱送孩子到私塾读书，他就主动把孩子接来，免收学费。总之，自那以后，窦燕山就像是换了一个人似的，周济贫寒，克己利人，广行方便，大积阴德，受到人们的称赞。

后来，窦燕山的妻子连续生下五个儿子。他把全部精力用在培养教育儿子身上。在窦燕山的培养教育下，五个儿子都成为有用之才，先后登科及第：长子中进士，授翰林学士，曾任礼部尚书；次子中进士，授翰林学士，曾任礼部侍郎；三子曾任补阙；四子中进士，授翰林学士，曾任谏议大夫；五子曾任起居郎。当时人们称窦燕山的儿子为窦氏五龙。

围炉夜话

专心可立功　偏见易败事

忠实而无才，尚可立功，心志专一也；忠实而无识，必至偾事❶，意见多偏❷也。

人虽无艰难之时，却不可忘艰难之境；世虽有侥幸❸之事，断不可存侥幸之心。

心静则明，水止乃能照物；品超斯远❹，云飞而不碍❺空。

注释

❶偾（fèn）事：偾是跌倒的意思。偾事即败事。
❷偏：偏执。
❸侥幸：意外获得。
❹品超斯远：斯，乃，就。品格达到超凡脱俗的境界就能远离事务的烦扰。
❺碍：阻碍，妨碍。

解读

忠厚诚实才能一般的人，有可能建功立业，这是因为用心专一的缘故；忠厚诚实但没有胆识，必然会导致失败，这是因为其想法和见解都偏离正确方向的缘故。

人生即使还没有遇到艰难困苦，但却不能忘记人生之路并非一帆风顺，也会遇到逆境；世界上虽然有侥幸取得成功的事情，但是一定不要希望通过侥幸取得成功。

专心可立功　偏见易败事

心静自然明澈，如同平静的水面能够映照出事物一样；品格高超便能远离物累，就像无云的天空能一览无余一般。

故事链接

那是明朝弘治年间，浙江人许容善于写文章，十分有名。但是他十分谦虚，从不拿自己和有才能的人相比，更不与古代的圣贤媲美。

当时学校测试士子，许容的一个朋友偷了他的文章，得到了第一名。他的朋友得意忘形，见人就吹嘘，甚至还在原作者许容面前自夸。许多朋友都为许容感到不平，想当面斥责那个无耻的人。

许容却极力劝阻大家："文章关系着一个人的命运。他的命运该当第一，与文章有什么关系？何况那篇文章的确不是我写的，你们不要误会了。"

那个偷他文章的朋友听说后，光着膀子跑来向许容认错，并再次向他索求文稿。许容将自己最好的文稿给了他。后来的考试中，得到许容文稿的那个朋友凭借这篇文章居然考上了进士，而许容却名落孙山。

后来，友人做了山东滕县尹。许容正好北上赴考，路过滕县，停船休息。友人外出拜见客人，看到许容假装不认识，回到县衙后，让人四处驱逐浙江人，不允许浙江人在县境内停留，目的想赶走许容，怕许容说出文章的真相。

许容原来也没有停留访友的心思，只是一笑了之。许容到京城后，考中进士，被皇帝钦点为山东巡抚，正好是他那个朋友的顶头上司。许容的朋友无颜来见许容，就上书告病。仁厚的许容却安慰这位朋友，始终不提先时的文章和滕县驱逐的事情，对待他仍然像刚相识时一样友好。

宽厚待人不仅需要"海量"，更是一种修养。它意味着给予，而给予别人却能使自己变得更加富有。

| 围炉夜话 |

贫乃顺境　俭即丰年

清贫乃读书人顺境，节俭即种田人丰年❶。

正而过则迂❷，直而过则拙，故迂拙之人，犹不失为正直。高或入于虚，华或入于浮，而虚浮之士，究难指为高华❸。

人知佛老❹为异端❺，不知凡背乎经常者，皆异端也；人知杨墨❻为邪说，不知凡涉于虚诞❼者，皆邪说也。

注释

❶ 丰年：米谷收成丰盛的年头。
❷ 迂：不通世故，不切实际。
❸ 高华：意指高明而有才华。
❹ 佛老：指佛教和老子的学说。
❺ 异端：不同于一般想法的学说或人。
❻ 杨墨：指杨朱和墨子，皆是春秋时代人。
❼ 虚诞：意指虚玄荒诞的意思。

解读

对于读书人来说，清贫的生活就是顺遂的境界；对于种田人来说，节俭过日子也就是丰收之年。

做人过于刚正就会显得有些迂阔不通世故，过于直率就会显得有些笨拙，所以迂阔和笨拙的人还未失去正直的本心；理想太高或许会陷入空想，太奢华或许会陷入浮躁，而空想与浮躁的人，终究不能被看作高明有

贫乃顺境　俭即丰年

才华。

有人认为佛教和老子的学说是异端，但不知道只要是与经典和常理相背离的都是异端思想；有人认为杨朱和墨子的学说是邪说，却不知道只要涉及荒诞虚妄学说的都可以称为邪说。

故事链接

南朝宋武帝刘裕，生于晋哀帝隆和二年，卒于宋武帝永初三年。魏晋以来，世风崇尚奢靡，赛豪华，斗富丽的故事很多。刘裕因为经历过贫困生活，所以他十分注意禁止奢靡作风。他平时清简寡欲，对珠玉车马、丝竹女宠都很节制。

刘裕称帝入宫，住处还是用土屏风、布灯笼、麻绳拂。他本人平时穿着也十分随便，连齿木履，普通裙帽。刘裕还把他补缀多层的破袄给长女并嘱咐她："后代如有骄奢不知节俭的，就拿给他们看看。"他的女儿出嫁，陪送也不多，不给锦绣金玉。

刘裕还保存自己少年时期使用的农具，用以教育后代，使其知道耕种庄稼的艰难。岭南生产一种过于精细的细布，因其过于劳民，他责令该郡太守立即停产。在他的影响下，内外上下，奢靡之风为之一扫。

刘裕的这些做法，不仅在当时消除了弊政，扭转了世风，对其后的影响也是深远的。他儿子文帝时期出现的兵车不用、民无外劳、粮食遍野、夜不闭户、家给人足、处处歌舞的"元嘉之治"就是证明。

| 围炉夜话

亡羊尚可补牢　羡鱼何如结网

图功未晚①，亡羊尚可补牢；浮慕②无成，羡鱼何如结网。

道③本足于身，切实求来，则常若不足矣；境难④足于心⑤，尽行⑥放下，则未有不足矣。

读书不下苦功，妄想显荣⑦，岂有此理？为人全无好处，欲邀福庆⑧，从何得来？

注释

① 图功未晚：谋求功业什么时候进修也不算晚。图，谋求。
② 浮慕：意指浮想联翩枉自羡慕。
③ 道：道理，真理。
④ 境难：处境艰难的意思。
⑤ 心：指欲望。
⑥ 尽行：完全。
⑦ 显荣：显达荣耀。
⑧ 欲邀福庆：想得到幸福和喜庆之事。

解读

谋求功业什么时候开始都不算晚，因为即使羊跑掉了再来补羊圈还来得及；只是心存幻想羡慕别人却不会有什么结果，站在水边希望得到水中的鱼，不如赶快回家织渔网。

真理本来就存在于我们自身的本性之中，如果能不断脚踏实地去追求,那么常常会感到不足;外在的事物很难使心中的欲念满足,倒不如全然放下,那么就不会有不满足的感觉。

不下苦功夫读书,却妄想通过读书取得富贵功名,世上怎么会有这样的道理呢?做人完全不做对社会有益的事,想得到福分,希望喜事降临,那么这些福分从哪里得来呢?

故事链接

李贽是明朝一位富有战斗精神的思想家。他幼小时,家境贫寒,但刻苦好学。由于他治学认真,意志顽强,终于获得了渊博的学识。

他主张读书人要有"超然志气,求师问友于四方"。他到北京的时候,已经是个年迈老翁,听说澹园老人焦竑对《易经》很有研究,就

围炉夜话

去拜访焦竑说:"您允许我做一个老门生吗?"

焦竑比他年轻15岁,听了这话非常感动。于是就和他结成了好友。李贽跟着焦竑学习《易经》,每天熟读一卦,直到深夜才肯休息。经过三年刻苦努力,终于把《易经》中的64卦读通。

李贽59岁那年,把家属送回福建老家去,自己单身来到湖北麻城,靠朋友的帮助,在龙潭的芝佛院定居下来。照一般人看来,到了这个年龄,已经年老力衰,无所作为了。但李贽却正是从这个时候开始专心攻书,发奋著作。

寺院里比较清静,食宿也不必发愁,李贽就朝夕苦读。从儒家经典到佛教经文,从史书到杂说,从诗词到曲赋,无所不读。他把读书当作最大享受,完全忘记了自己身在外乡,孤身一人,年岁已老。

在他70岁那年,他写了一首《读书乐》的四言长诗,最末两句是"寸阴可惜,曷敢从容!"意思是说,每一寸光阴都是宝贵的,怎么能够随便放过呢!

白发苍苍的李贽,在芝佛院住了十多年。他每天手不释卷,伏案苦思,丹笔批书,墨笔著作,笔不停挥,写下了三十多种著作。其中最著名的两部书《焚书》和《藏书》,公开地向封建礼教和道学思想提出了挑战。人们称颂他写文章不循世俗之见,而是发表自己独到的见解,文章深刻、透彻、严肃,具有难能可贵的独创性和反抗精神。

知错即改　不甘堕落

才觉已有不是，便决意①改图②，此立志为君子也；明知人议其非，偏肆行无忌③，此甘心为小人也。

淡中交④耐久，静里寿延长。

凡遇事物突来，必熟思审处，恐贻⑤后悔；不幸家庭衅⑥起，须忍让曲全⑦，勿失旧欢。

注释

① 决意：毫不犹豫。
② 改图：改变方向，变更计划。
③ 肆行无忌：任性妄为，毫无顾忌的意思。
④ 淡中交：指平淡地交往。
⑤ 贻：留下。
⑥ 衅：纷争，纠纷。
⑦ 曲全：意指委曲求全。

解读

一发觉自己有做得不对的地方，便马上下决心改正，这便是要立志成为一个正人君子的做法；明知有人在议论自己做得不对，却偏要一意孤行毫无顾忌，这是自甘堕落的小人。

在平淡中结交的朋友能经受时间的考验而使友谊地久天长，在平静中生活能够修养心性使寿命延长。

围炉夜话

凡是遇到突如其来的情况，一定要深思熟虑后再慎重处理，以免处理过后又后悔；如果家庭中不幸发生纠纷，一定要以忍让之心委曲求全，不要因此失去过去的和睦欢乐。

故事链接

周处少年丧父，不满20岁时，其体力就超过常人，喜好跑马打猎，并且放荡不羁。所以，乡里人都十分厌恶他，把他看成一大祸患。

当时，阳羡一带连年遭水灾，据说是因为河里有一条蛟龙在那里兴风作浪，致使水患不断；在阳羡南山上又有一只白额猛虎，经常下山为害人和牲畜。这样，乡里人就把河里的水患、山上的虎患和人间的周处称作当地的三大祸患。

周处知道了人们对他的这种怨恨和讨厌以后，立下了发奋改过的决心。但是，他又怕得不到人们的理解和信任，于是去向乡里的尊长请教。

尊长对他说:"你如果能除去三害,那就是为大家做了件大好事,到时人们怎么能不信任你呢?"

周处听了尊长的话,觉得很有道理。他想,既然自己被人们深恶痛绝,自己就应当以实际行动为民除害,以取得人们的信任。于是,周处带上刀箭进山去把猛虎射死了。

接着,周处又投入水中与那蛟龙搏斗,经过三天三夜,终于把蛟龙杀死了。人们不见周处返回,以为他也死了,大家非常高兴地互相庆贺。

周处回到家乡后,看到这个情形,才知道乡里人多么憎恨自己过去的作为。于是,他怀着无限愧疚的心情,到有名望的人那里请教。

有名望的人说:"乡里人憎恨的是你过去的行为。现在你虽然把猛虎、蛟龙这两害都除掉了,但人们还希望你把过去的错误也彻底除掉啊!三害全除,这才是皆大欢喜呢!"

周处回到家乡后,发奋上进,好学不倦,讲究节操,举止言行做到忠信克己。一年后,他终于赢得了人们的信任,州府见他是个有志有勇的人而争着聘用他。

后来,周处勇于正视自己的错误,并能从善如流,真诚改过的行为被后人传为佳话。

围炉夜话

聪明不外露　耕读可兼营

聪明勿使外散，古人有纩①以塞耳，旒②以蔽目者矣；耕读何妨兼营，古人有出而负③耒④，入而横经者矣。

身不饥寒，天未尝负我；学无长进⑤，我何以对天。

不与人争得失，惟⑥求己有知能⑦。

注释

① 纩（kuàng）：絮衣服的新丝绵。
② 旒（liú）：古代冕冠前后下垂的饰带。
③ 负：扛着。
④ 耒：耕田用的农具。
⑤ 长进：增长进步。
⑥ 惟：只要。
⑦ 知能：知，通"智"。智慧和才能。

解读

聪明的人不要过于外露，古代有用丝绵堵塞耳朵，用帽饰遮住眼睛来掩饰聪明的人；耕田和读书不妨兼顾，古代有人白天扛着农具出去耕种，夜晚回家捧着经书阅读。

身体不受饥寒，就是上天没有亏待我；学问没有长进，我有什么脸面去面对苍天。

不和他人去争名利上的得失，只求自己能够不断增长智慧与能力。

聪明不外露　耕读可兼营

故事链接

明朝大学士宋濂小时候特别喜欢看书，但因为家里贫穷，无钱买书来读，只好每天向有藏书的人家借，把书抄录下来，到期时归还给人家。

天气寒冷的时候，墨汁都结成了冰，握笔的手指也冻僵了，但宋濂依然忘我地抄写着。抄完之后，再跑着去送还，以免误期。因为他守约，所以人们都愿意把书借给他。这样，宋濂才读到不少书籍。

20岁后，宋濂很羡慕古代的圣贤，但没有老师教诲，也没有知名人士与他交流。为了学习圣贤之道，他只能拿着儒家经籍去百里外求教。到名人那里求教，名人脸色并不宽和。

宋濂遇到名人发脾气时，就露出恭敬的脸色，不敢顶撞半句，等到名人高兴起来了，再请教别的问题。宋濂跟随老师学习的那些时候，常常要背着书箱，穿着已经破旧、不合脚的鞋子，经过深山大谷，凛冽的寒风把皮肤都吹裂了，数尺深的大雪有时连脚都拔不出来。

回到家里，宋濂四肢僵硬不能动弹，家人就用热水慢慢擦洗他，并用被子裹住他，很久才能暖和过来。

当时宋濂住在客栈里，一天只吃两餐，根本没有鲜肥美味可以享受。同住的学子有的被子上都有刺绣，又戴着珠宝、红绸带装饰的帽子，腰间挂着白玉环、佩刀、香袋，光彩夺目。宋濂衣服仅仅能遮体而已，但他毫无羡慕豪华之意。

学问之中自然有让人快乐的地方，物质的享受算不了什么。就这样，宋濂官至大学士并且主修《元史》。

既循规蹈矩 也灵活变化

为人循矩度①，而不见精神，则登场之傀儡②也；做事守章程③，而不知权变④，则依样之葫芦⑤也。

山水是文章化境⑥，烟云乃富贵幻形⑦。

郭林宗⑧为人伦之鉴，多在细微处留心；王彦方⑨化乡里之风，是从德义中立脚。

注释

① 矩度：规矩法度。

② 傀儡（kuǐ lěi）：是戏台上由人控制的木偶，谓之傀儡。

③ 章程：书面订立的办事规则。

④ 权变：通权达变。

⑤ 依样之葫芦：比喻模仿别人，毫无创见。

⑥ 化境：变化之境。

⑦ 幻形：虚幻不实的情形。

⑧ 郭林宗：郭太，字林宗，东汉介休人。范滂谓其"隐不违亲，贞不绝俗。天子不得臣，诸侯不得友"。生平好品题人物，而不为危言骇论，故党锢之祸得以独免。

⑨ 王彦方：王烈，字彦方。东汉太原人，平居以德行感化乡里，凡有争讼者，多趋而请教之，以判曲直。

既循规蹈矩 也灵活变化

解读

如果为人只是按规矩做事，却体现不出规矩的本质，那么只是像戏台上受人控制的傀儡一样；如果做事情只是按章程做，却不知道灵活变化，那就像依样画葫芦罢了。

文章达到出神入化的境界，就如同山水的美妙景致；富贵的实质是虚幻不实的影像，就如同烟云一样缥缈。

郭林宗察知人伦之间的道理，往往在细微之处留意自己的言行；王彦方教化乡里的风气，是以道德和正义作为根本的。

故事链接

春秋时代，越国有一位美女名叫西施，无论举手投足，还是音容笑貌，样样都惹人喜爱。西施略用淡妆，衣着朴素，走到哪里，哪里就有很多人向她行"注目礼"，没有人不惊叹她的美貌。

西施患有心口疼的毛病。有一天，她的病又犯了，只见她手捂胸口，双眉皱起，流露出一种娇媚柔弱的女性美。当她从乡间走过的时候，乡里人无不睁大眼睛注视。

乡下有一个丑女子，名叫东施，相貌一般，没有修养。她平时动作粗俗，说话大声大气，却一天到晚做着当美女的梦，今天穿这样的衣服，明天梳那样的发式，却仍然没有一个人说她漂亮。

这一天，她看到西施捂着胸口、皱着双眉的样子竟博得这么多人的青睐，因此回去以后，她也学着西施的样子，手捂胸口，紧皱眉头，在村里走来走去。

哪知这丑女的矫揉造作使她的样子更难看了。结果，乡间的富人看见丑女的怪模样，马上把门紧紧关上；乡间的穷人看见丑女走过来，马上拉着妻子、带着孩子远远地躲开。人们见了这个怪模怪样模仿西施心口疼，在村里走来走去的丑女人，简直像见了瘟神一般。

这个丑女人只知道西施皱眉的样子很美，却不知道她为什么很美，而去简单模仿她的样子，结果反被人讥笑。每个人都要根据自己的特点，扬长避短，寻找适合自己的形象，盲目模仿别人的做法是愚蠢的。

不行欺诈　不享安闲

天下无憨人❶，岂可妄行欺诈；世上皆苦人，何能独享安闲。

甘受人欺，定非懦弱❷；自谓予智，终是糊涂。

漫夸❸富贵显荣，功德文章，要可传诸后世；任教声名煊赫❹，人品心术，不能瞒过史官。

注释

❶ 憨人：愚笨的人。

❷ 懦弱：是指胆小怕事、软弱无能。

❸ 漫夸：漫，随意。这里指胡乱地夸耀。

❹ 煊（xuān）赫：形容权势显赫或名声很大。

解读

天下没有一个真正愚蠢的人，怎么能恣意妄为去做欺侮诈骗他人的事呢；世界上大多数人都在吃苦，怎么能独自去享受安逸闲适的生活呢？

甘愿受人欺侮的人，一定不是懦弱之辈；自认为有智慧者，终究是个糊涂的人。

不要只是一味地夸耀财富和地位，显示自己的虚荣，而应该有能流传后世的功德和文章；任凭一个人声名如何显赫，他的为人处世方法和品格性情也是无法欺骗记载历史的史官的。

故事链接

韩信出生在楚汉争霸的年代，他自幼父母双亡，家境十分贫寒。

围炉夜话

但是,日子过得再清苦,他也舍不得卖掉祖传的宝剑。他一有空就练上一阵,盼望有朝一日自己能有个出头之日。

亲戚们嫌弃韩信,有钱人讨厌韩信,都是因为他既穷又没有本事,不会经商和种田。因此,韩信在乡下无法生活下去,就只能到城里来混饭吃。但在城里,他的生活依然没有着落,常常忍饥挨饿。他只好到淮阴河边钓鱼,用鱼换米来维持生活。

在淮阴河边,常有人在河边洗衣服,其中一个好心肠的老太太,见韩信面黄肌瘦,非常可怜,就让韩信到自己家里吃饭。一连几十天,韩信就住在老太太家里。韩信非常感激地说:"将来我一定会报答你的。"

老太太听了很生气,说:"我不图你的报答,我看你是个堂堂男子汉,不能自己挣饭吃,连自己都养活不起,可怜你,才给你饭吃。"韩信听了这番话,非常惭愧,立志要做出一番事业来。

淮阴城里的年轻人都欺软怕硬,根本不把瘦小体弱的韩信放在眼里,他们常常当街侮辱他,韩信从不跟他们计较。有一次,韩信钓了几

条大鱼，刚进城门，就被一伙少年挡住了。为首的是一个五大三粗的年轻屠夫，他嘲笑着说："别看你整天挎着剑，样子像个武士似的，其实你是个胆小如鼠的人。"

韩信没有吭声，年轻屠夫双手分开上衣，露出胸膛说："你若是英雄，就拿剑来刺我。如果贪生怕死，就从我的裤裆下面钻过去！怎么样？任你选！"韩信想：刺死人要偿命，为他送了性命不值得，不钻过去，又脱不开身。韩信看了那个屠夫一眼，然后伏下身子，趴在地上，从年轻屠夫的胯下钻了过去。当屠夫等人哄然大笑时，韩信轻蔑地瞥了他们一眼，大步走开了。

韩信受了"胯下之辱"，羞愧得无地自容。他从此深刻地认识到：人不刻苦磨炼，就学不到本事，人无本事就要受人欺侮。于是，韩信便关门闭户，苦读兵书，一心练武，再未挂剑外出溜达。

一晃半年过去，韩信终于掌握了文武的真谛。后来，韩信参加了农民起义军，在楚汉战争时，被刘邦拜为大将军。他出谋划策，亲率大军南征北战，一举击败项羽，立下赫赫战功，为汉朝的统一立下了汗马功劳。汉朝建立后，韩信又被封为楚王，以下邳为都城。韩信手捧楚王大印，回到家乡淮阴。当年那个年轻屠夫听说韩信回来了，吓得坐立不安。

韩信回乡第一件事是派人找到曾关心过他的洗衣老太太，把千两黄金送给她表示感谢。然后又派人找来当年让他受胯下之辱的屠夫，封他为中尉，负责缉拿盗贼，还将他介绍给自己的部下说："这个壮士，当年并无太大恶意，却锻炼了我的意志，因为忍辱负重，我才有今天。"

| 围炉夜话

闭目养心　口阖防祸

神传于目，而目则有胞❶，闭之可以养神也；祸出于口，而口则有唇，阖❷之可以防祸也。

富家惯习骄奢❸，最难教子；寒士❹欲谋生活，还是读书。

人犯一苟❺字，便不能振；人犯一俗字，便不可医。

注释

❶ 胞：指上下眼皮。
❷ 阖：合拢的意思。
❸ 骄奢：骄纵奢华的意思。
❹ 寒士：贫穷的读书人。
❺ 苟：是指苟且偷生，得过且过。

解读

人的精神通过眼睛来传达，而眼睛有上下眼皮，闭合可以养精神；祸从口出，而嘴巴则有上下嘴唇，闭起嘴巴可以防止因说话而惹祸。

富贵人家习惯于奢侈豪华，最难教育自己的子女；贫寒的人要谋得生路，还是应该走读书这条途径。

一个人只要有了随便的毛病，就不能振作；一个人只要流于庸俗，就不可救药。

故事链接

相传东汉末年，杨彪的儿子杨修，是个文学家，才思敏捷，灵巧机智，后来成为"一代奸雄"东汉相国曹操的谋士，官居主簿，替曹操典领文书，办理事务。

有一天，塞北有人给曹操送了一盒精美的酥，想巴结他。曹操尝了一口，突然灵机一动，想考考周围文臣武将的才智，就在酥盒上竖写了"一合酥"三个字，让使臣送给文武大臣。

大臣们面对这盒酥，百思不得其解，就向杨修求教。杨修看到盒子上的字，竟拿取餐具给大家分吃了。大家问他："我们怎么敢吃魏王的东西？"杨修说："是魏王让我们一人一口酥嘛！"在场的文臣武将都为杨修的聪敏而拍案叫绝。

而后，曹操问其原因，杨修从容回答说："盒上明明写着'一人一口酥'，岂敢违丞相的命令？"曹操虽然喜笑，而心头却很妒忌杨修。

曹操多猜疑，害怕有人暗自谋害自己，常吩咐侍卫们说："我梦中好杀人，凡是我睡着的时候，你们切勿靠近我！"

有一个晚上，曹操在帐中睡觉，被子落到了地上，近侍慌忙取被为他覆盖。曹操立即跳起来拔剑把他杀了，然后继续上床睡觉。半夜起来，假装吃惊地问："是谁杀了我的侍卫？"大家以实相告。曹操痛哭，命人厚葬近侍。

人们都以为曹操果真是在梦中杀人，唯有杨修知道他的意图，下葬时叹惜地说："不是丞相在梦中，是你在梦中呀！"曹操听到后十分厌恶杨修。终于在"鸡肋事件"中以扰乱军心为由，杀了杨修。

围炉夜话

立大志 成大功

有不可及之志❶，必有不可及❷之功❸；有不忍言之心，必有不忍言❸之祸。事当难处❺之时，只让退一步，便容易处矣；功到将成之候，若放松一着，便不能成矣。

无财非贫，无学乃为贫；无位非贱，无耻乃为贱；无年非夭，无述乃为夭❻；无子非孤❼，无德乃为孤。

注释

❶ 志：志向。
❷ 不可及：不是轻易能达到的意思。
❸ 功：功业，事业。
❹ 不忍言：发现错误不忍去指责、纠正。
❺ 难处：难以处理。
❻ 夭：短命夭折。
❼ 孤：老而无子。

解读

有不能轻易达到的志向，一定有不能轻易建立的不同凡响的功业；有不忍心指出别人错误的想法，一定会因不忍心批评别人而造成祸患。事情在难以处理的时候，只要退一步，就容易处理了；事业在将要成功的时候，如果一着不慎，就会以失败而告终。

没有财富不能算是贫穷，没有学问才是真正的贫穷；没有地位不能说

立大志　成大功

是卑贱，没有廉耻心才是真正的卑贱；年岁不大不能说是短命，没有值得称道的事才算短命；没有子女不能说是孤独，没有品德才是真正的孤独。

故事链接

从东汉建武六年（公元30年）到建武二十年（公元36年），匈奴几乎年年侵扰东汉边境，使得边陲百姓流亡，经济萧条。朝廷为保卫边陲，不得不连年和匈奴作战。匈奴战术灵活，汉军一击就退去，汉军一撤又卷土重来，使得朝廷大伤脑筋。

为了对付匈奴，光武帝刘秀一方面派军常驻边境，随时抗击匈奴；另一方面，组织一批能人志士，认真分析匈奴和西域的形势，希望能从根本上找出安定边境的策略。班彪和班固父子都是当时有名望的学者，他们找来历朝有关匈奴和西域的大量文件和书籍，认真分析，详细研究，为朝廷提出了不少关于解决匈奴和西域问题的对策。

这一过程中，年仅13岁的班超，也参与了研究。有一次，他在翻阅历史资料时，忽然看到了西汉张骞和傅介子通西域的光辉业绩，很是敬佩，情不自禁地叹道："好男儿就该有此大志！"

班彪听后，惊问道："超儿，你看到什么了，竟使你如此感慨？"

班超说："爹爹，等我长大后，一定要像张骞和傅介子一样，出使西域，立功封侯。"

班固不同意，说："不好好读你的经书，怎么也参与起大人的事来了？"

班彪说："固儿，你错了。超儿年纪虽小，能有这种志向，也很好么！班氏家族历来以文著称，如能再出一员战将，岂不更好？我早说过，超儿像个战将的材料！"

班超见父亲同意自己的见解，心中十分高兴。从此，便把学习的主要精力，放在了对西域问题的研究上。后来，班彪病逝，班固被调往京城任校书郎，班超和母亲也随之迁入洛阳。

围炉夜话

班固每年只有一百石谷子的俸禄,要养活全家是很困难的。班固见弟弟年龄也不小了,为了养家糊口,便给他找了个抄书的活干。开始,班超抄得还蛮有劲儿,时间一久,不但感到枯燥无味,而且累得头晕眼花。

终于有一天,他抄着抄着,突然拍案而起,投笔于地,高声说道:"男子汉大丈夫,不去边境建功立业,成天在笔墨中谋生,真是没出息。"

当时,同事们听了他的感叹,没有不嘲笑他的。但这事被奉车都尉窦固听说了,很是重视,便任命他为假司马,让他和郭恂一道出使西域各国。由于班超多立战功,迫使西域各国主动与汉朝和好,班超被加封为定远侯。于是,"投笔从戎"便成了一段佳话,后又演变成一个成语流传下来。

知过能改　抑恶扬善

知过能改，便是圣人之徒；恶恶❶太严❷，终为君子之病。

士必以诗书为性命❸，人须从孝悌❹立根基。

德泽❺太薄，家有好事，未必是好事，得意者何可自矜❻；天道最公，人能苦心，断不负苦心，为善者须当自信。

注释

❶ 恶（wù）恶（è）：前"恶"作动词解，指厌恶。后"恶"作名词解，指恶事恶人。这里指憎恶坏人坏事。

❷ 严：激烈。

❸ 性命：安身立命的根本。

❹ 孝悌：孝指孝顺，悌是敬爱，顺从兄长。《孟子·滕文公下》："入则孝，出则悌。"

❺ 德泽：意指德行和恩泽。

❻ 自矜：自以为了不起。

解读

知道过错便能改正，就可以说是圣人的弟子；攻击恶人太过严厉，终究会成为君子的过失。

读书人将诗书看作自己立身处世的根本，做人必须以孝顺友爱作为基础。

如果品德和恩泽太浅薄，家中有好事降临，也未必是真正的好事，所

围炉夜话

以一时春风得意的人不可自高自大；上天是最公平的，一个人能够下苦功夫，那么这片苦心一定不会白白付出，做善事的人要充满自信。

故事链接

在元朝真定，有一个叫朱显的人。他的祖父去世时，将财产等分为三份，分别给了朱显兄弟三人。后来，朱显的哥哥不幸过世，留下几个嗷嗷待哺的孩子，孤苦无依。

朱显非常难过。他把侄子们看作自己的亲生骨肉，悉心地照顾着。侄子们年纪小，无法自立。朱显想：如果按祖父的意愿，把财产均分，兄弟各奔前程的话，那谁来照顾、关心、教育侄子们呢？如果没有人帮助侄子们撑起这个家，往后的情形会怎样？

想到这里，他把弟弟朱耀找来，商量说："父子兄弟，本是同气连枝，不可分离。现在，哥哥离开我们了，他的孩子们这么小，无论是从情理上讲，还是从道义上讲，我们都应代替哥哥履行长辈应尽的责任，把侄子们的生活安顿好，让他们没有后顾之忧。所以我们不能分家，而应该全心全意地维护好这个家！"

弟弟听后，想到平日里哥哥总是默默地关怀这些年幼的侄子们。而今，他又为了侄子们决定不分这笔丰厚的遗产，由大家庭担负抚养侄子们的重担，不由得对哥哥产生了敬佩之情。

于是，他们一同来到祖父的墓前，把祖父留下的分产证明焚毁了。从此，一家人继续其乐融融地生活在一起，互相关怀，互相照顾，非常温馨。

自知之明　不卑不亢

把自己太看高了，便不能长进；把自己太看低了，便不能振兴❶。

古今有为之士，皆不轻为之士，乡党❷好事之人，必非晓事❸之人。

偶缘❹为善受累，遂无意为善，是因噎废食❺也；明识有过当规❻，却讳言有过，是讳疾忌医❼也。

注释

❶ 振兴：振作兴起。

❷ 乡党：乡里。

❸ 晓事：明达事理。

❹ 偶缘：偶尔碰上机缘的意思。

❺ 因噎废食：噎，食物哽在喉咙。指因喉管被食物噎住而不想再吃东西。

❻ 当规：应当纠正。

❼ 讳疾忌医：对疾病有所忌讳，不愿让人知道，而不肯就医。

解读

把自己看得太高了，就无法再求得进步；把自己看得太低了，便失去振作的信心。

古往今来有作为的人，都不会轻率地行事；乡里的好事之徒，一定不是什么明达事理的人。

围炉夜话

偶尔因为做好事受到连累，就再不愿意做好事，这是因噎废食的做法；心中知道有了过错应当改正，却不愿意提及过错，这是讳疾忌医的行为。

故事链接

刘备投靠荆州刘表，屯驻在新野。多年来寄人篱下的动荡生活，使刘备很难实现政治抱负。这时渴望建功立业的刘备，决心寻求有远识的人辅佐自己，以便尽早摆脱势单力孤的困境，扩充自己的实力。

一天，当地的名士司马徽对刘备说："能看清天下大势的，是那些有真才实学的英雄俊杰。我们这里的'卧龙'和'凤雏'就是这样的俊杰。"刘备忙问："他们都是谁？"司马徽说："这二人是诸葛亮和庞统。您得到二人当中的一个，就可以成就一番事业了。"

建安十二年（公元207年）初春，刘备决定亲自拜访襄阳隐士诸葛亮。

自知之明　不卑不亢

当时，27岁的诸葛亮正在襄阳以西的隆中隐居。这位有政治抱负的青年，常把自己比作管仲和乐毅，立志要干出一番事业来。他虽然躬耕隆中，但却苦读经史，熟知天下兴衰的道理，还潜心钻研兵法，兼备将才。同时，他也时刻注视着现实政治斗争的形势。

为了拜见诸葛亮，刘备带领关羽、张飞一连去了隆中三次。前两次都没有访到，刘备仍不肯罢休。第三次去的时候，终于如愿以偿，在草庐见到了这位才华出众的年轻人。刘备说："久慕大名，两次拜访，未能相见。今日如愿，实平生之大幸。"

诸葛亮说："蒙将军不弃，三顾茅庐，真让我过意不去。亮年轻不才，恐怕有失厚望。"

刘备诚恳地说："现在汉室瓦解，群雄混乱，奸臣专权，主上蒙尘。我不度德量才，想伸张大义于天下，完成统一大业，振兴汉室。由于智术短浅，屡遭失败，至今一无所成。不过，我的壮志并未因此减退，仍然想干一番事业。望先生多多指教。"

刘备的谦虚态度使诸葛亮很受感动，于是，诸葛亮便将天下形势向刘备做了一番精辟的分析，为刘备筹划了实现统一的战略和策略，勾画了三国鼎立的蓝图，既高瞻远瞩，雄心勃勃，又脚踏实地，切实可行。

刘备认为诸葛亮是他所寻找的最理想的辅弼人才，就恳切地请他出来帮助自己。诸葛亮为他诚挚的态度所打动，决心辅佐刘备创建大业，实现安国济民之志，就毅然随刘备来到新野，共商军机大事。

刘备为求贤才诸葛亮，三次亲顾茅庐，求得大贤，成就大事。三顾茅庐也成为千古佳话。

宾入幕中　客登座上

宾入幕中①，皆沥胆披肝②之士；客登座上，无焦头烂额之人。

地无余利，人无余力，是种田两句要言③；心不外驰④，气不外浮⑤，是读书两句真诀⑥。

成就人才，即是栽培子弟；暴殄天物⑦，自应折磨儿孙。

注释

① 宾入幕中：被允许参与事情的计划，并提供意见的人。后比喻极其亲近并可以信任的人。

② 沥胆披肝：比喻对人忠心耿耿，竭尽忠诚。

③ 要言：重要而谨记的话。

④ 心不外驰：全神贯注，不能有身在曹营心在汉的意思。

⑤ 气不外浮：心气必须集中不要向外分散。

⑥ 真诀：真实而不变的秘诀。

⑦ 暴殄（tiǎn）天物：殄，灭绝。不知爱惜物力，任意浪费东西。

解读

凡是可以信任而延揽入府中商量事情的人，一定是能对自己非常忠诚的人；凡是能够作为宾客引为上座的人，一定不是品行有缺失的人。

土地要充分发挥作用，不要浪费，要竭尽全力，不要懒惰，这是种田人要注意的两句很紧要的话；心思要集中不要浮华不实，心气要专注不要分散，这是读书人要注意的两个要诀。

宾入幕中　客登座上

所谓成就人才，就是将子弟培养成人；如果浪费财物，自然会使子孙受苦受难。

故事链接

管宁、华歆都是三国人，他俩是最要好的朋友，同坐在一张席子上读书，一起吟诗，一起写字，一起散步，很是密切。

有一次，管宁对华歆说："我们不应该为金钱所吸引，为地位所诱惑。"

华歆说："你说得对。只有这样，才能保持良好的品格。"

管宁高兴地说："如果能够做到，我们将永远是好朋友。如果谁违背诺言，就抛弃他！"

有一天，管宁与华歆一起在园里锄菜，忽然发现地上有块金子。管宁见了，视为土石，照样挥动锄头。华歆呢，看见那块金子在阳光下闪闪发亮，急忙抓在手里，左看右看，爱不释手。

围炉夜话

忽然，华歆想起了管宁的话："不应为金钱所吸引……"才悻悻地扔掉。其实，管宁早在注视着华歆，见了他的举动，很是生气。华歆虽知道管宁生了气，可不以为然，认为太过分了。

又一天，管宁、华歆二人坐在一起读书，忽听门外传来了鸣锣开道声："回避，回避！"

"喳！喳！"华歆连忙撂下书跑出去看，只见一华衣锦服的人，坐在一辆华盖车上，前呼后拥，好不威风。华歆看啊，看啊，直到没有影儿，还舍不得回书房，愣愣地站在门口，想着心事。

管宁仍然读书，好像什么也没有听见。其实，华歆的行动，早已被管宁看在眼里。华歆回来后，管宁立即割断了席子，说："你违背了诺言，从今以后，你不再是我的朋友了！"

管宁割席弃好友的故事，反映了他不为金钱地位诱惑的高尚品格，后来他终于成为一个有学问的人。

和气迎人　藏器待时

和气迎人，平情应物①。抚心希古②，藏器待时③。

矮板凳，且④坐着；好光阴，莫错过。

天地生人，都有一个良心；苟⑤丧此良心，则其去⑥禽兽不远矣。圣贤教人，总是一条正路；若舍此正路，则常行荆棘⑦之中矣。

注释

① 平情应物：以平常之心对待事物。
② 抚心希古：心志高亢，以古人自相期许。
③ 藏器待时：器，才华、才能。意思为怀才以待见用。
④ 且：暂且。
⑤ 苟：如果。
⑥ 去：离开，距离。
⑦ 荆棘：指困难的境地。

解读

心平气和地与人交往，以平常的心情去处理事情。以古人的高尚心志相期许，守住自己的才能以等待时机。

要有耐心坐在小小的板凳上，切莫错过这大好的时光。

人生活在天地之间，都要有一颗良心，如果丧失了这颗良心，那么就离禽兽不远了。圣贤教导世人，总是劝人走一条光明大道，如果离开这条正道，那么就如同行走在荆棘之中。

围炉夜话

故事链接

司马郎中王缮,宋朝潍州人,致力于研究三传春秋,曾中进士,后调到沂州任录事参军。在这里,他与一位任司户参军的鲁宗道相识,并且成了好友。鲁宗道家中人口多,又很贫穷,还经常领不到每月应得的俸禄,所以王缮经常不断地接济他。

有一次,鲁宗道家中有事急欲用钱,无奈,只好恳求王缮从俸钱中借一些给他。由于鲁宗道平日里对部下管束极严,因此库吏怀恨在心,向州官告发了他私借俸钱的事,州官要将鲁宗道和王缮一并弹劾。

王缮对鲁宗道说:"你就把过错都推到我的身上,你自己不要承担责任。"鲁宗道怎能忍心这样做,他说:"因为我家贫穷而向你私借俸钱,过错是由我引起的,你是无辜的,怎么能让你替我承担责任呢?"

王缮开导鲁宗道说:"我这个人碌碌无为,是个胸无大志的平凡之人,我获罪没有关系。何况,把官钱私借给别人,这个过错也不至于到免职的地步。而你年轻有为,豪爽正直,是朝廷的栋梁之材,不要因承担这点小错而影响你的远大前程。况且,我们二人同时获罪,毫无意义。"

王缮的一席话,表现了他处处为别人着想,宁肯牺牲自己,也要帮助别人的优秀品质。在王缮的一再劝说和坚持下,终于由王缮独自承担罪责。

事后,鲁宗道非常感动,而又惭愧得无地自容。王缮却一如既往,毫无怨言。但因此事的影响,王缮得到的是"沉困铨管二十余年",此后一直未能得以提升官职。

在封建社会里,像王缮这样为别人前程着想,主动承担罪责,不计个人得失的精神,实在难能可贵。

专务本业常乐　为天下百姓常忧

世之言乐者，但曰读书乐，田家乐。可知务本业❶者，其境常安。古之言忧者，必曰天下忧，廊庙忧❷。可知当大任者，其心良苦。

天虽好生❸，亦难救求死之人；人能造福，即可邀悔祸❹之天。

薄族❺者，必无好儿孙；薄师❻者，必无佳子弟，君所见亦多矣。恃力❼者，忽逢真敌手；恃势❽者，忽逢大对头，人所料不及也。

注释

❶ 务本业：指专心从事自己的职业或专业。
❷ 廊庙忧：意指担忧朝廷政事。
❸ 好生：即上天乐见万物之生，而不乐见万物之死。
❹ 悔祸：不愿再有祸乱。
❺ 薄族：刻薄对待族人。
❻ 薄师：不尊重师长。
❼ 恃力：仗力欺人。
❽ 恃势：倚势压人。

解读

世人谈起快乐的事，都说读书有乐趣，种田有乐趣，可见专心从事本业的人，常处于快乐安宁的境地。古代的人谈起忧愁的事，一定强调要为天下百姓担忧，为朝廷政事担忧，由此可知担当大事的人，他们用心良苦。

围炉夜话

上天虽然希望万物都充满生机，却也无法拯救那种一心不想活的人。人如果能自求多福，就可使原本将要发生的灾祸不发生，就像得到了上天的赦免一般。

苛待族人的人，必定没有好的后代；不尊重师长的人，不会有优秀的子弟，这种情形见过许多了。以为自己力气大，而以力欺人的，必会遇上比他力气更大的人；而凭仗权势压迫他人的人，也会遇到足以压过他的人。这都是人想不到的事。

故事链接

孔子是我国伟大的哲学家，儒家学说的创始人。他的哲学思想提倡"仁义""礼乐""德治教化"，以及"君以民为体"，不仅渗入中国人的生活、文化领域中，同时也影响了世界上其他地区的一大部分人将近两千年。

在孔子小的时候，家里的生活比较困难。因此，他没有办法继续读书求学。在那个时代没有什么学校，而且书籍也只有少数的贵族家里

才有。孔子丰富渊博的知识，完全是靠刻苦自学得来的。

孔子学习十分勤奋，他是一个好学不倦的人。两千多年来，人们一直流传着他那"韦编三绝"的故事。

那是在孔子五十多岁的时候，为了研究深奥难懂的《易经》，孔子把《易经》这本书读了一遍又一遍，进行了认真的研究和仔细的推敲。

结果，由于看的时间长了，次数多了，连穿在书上的牛皮绳都给磨断了。断一次，孔子就换一次，一共换了三次，故称"韦编三绝"。孔子勤奋读书从此可见一斑。

孔子是一个知识广博的学者，他还很喜欢音乐。有一次，孔子向师襄子学习弹琴。师襄子先教了孔子一支曲子，孔子学得很认真。十来天过去了，他还在反复练习这支曲子。

"可以学一支新曲子了。"师襄子说。

孔子却回答："我只是学会了曲谱，还没有掌握演奏的技巧。"

过了几天，师襄子又对孔子说："你已经掌握了技巧，可以学新曲子了！"

"我还没有领会这支曲子所表达的思想感情。"孔子回答。

又过了几天，师襄子说："这一回总可以学新曲子啦，你已经理解曲子的思想感情了。"

孔子仍不同意："我还不能通过这支曲子所表达的思想感情了解作曲者的为人。"

经过反复琢磨，孔子终于领会了曲子的思想感情和了解了作曲者的为人。他向师襄子讲述了自己的看法。师襄子听了大吃一惊，感到他对乐曲的理解是非常深刻的。孔子这样刻苦学习，使师襄子非常佩服。

围炉夜话

为学要静敬　教人去骄惰

为学不外静敬[1]二字，教人[2]先去骄惰二字。

人得一知己，须对知己而无惭[3]；士既多读书，必求读书而有用。

以直道[4]教人，人即不从，而自反[5]无愧，切勿曲以求容[6]也；以诚心待人，人或不谅，而历久自明，不必急于求白[7]也。

注释

[1] 静敬：不受外界影响，心平如镜谓之静。爱惜自己的学业和爱戴自己的老师谓之敬。

[2] 教人：教导他人。

[3] 无惭：没有愧疚之处。

[4] 直道：正直的道理。

[5] 自反：反，即反省。自反就是自我反省。

[6] 曲以求容：曲意迁就以博得别人高兴。

[7] 求白：请求说明以洗刷清白。

解读

做学问不外乎"静"和"敬"两个字，教导他人先要去掉"骄""惰"两个毛病。

人生能够得到一位知己，一定要做到面对知己不惭愧；士人既然多读诗书，必须做到读书而能致用。

以正直的道理教导他人，即使他人不会听从，而自我反省时也会问心无愧，因此不应该改变心志去求得他人理解；以诚恳的心意对待他人，他人或许不会接受，而时间久了自然会明白，不必急着去解释。

故事链接

欧阳修和王安石都是北宋时期著名的文学家和政治家。当初王安石考中进士以后，在扬州任职，此时欧阳修已名满天下，在京城开封任龙图阁学士。

有一天，王安石的一个好朋友曾巩带着王安石的几篇文稿向欧阳修推荐。尽管王安石和欧阳修的位份相差非常悬殊，但欧阳修对这位青年的文稿还是非常赏识。他把这些著作收在编录佳作的《文林》里，向社会推荐。又通过曾巩关照王安石，要他的思路再开放一些，不要生造词语，力戒模仿。

王安石被调京任职以后，这两位朋友才得见面。欧阳修在高兴之余，写了首七律《赠介甫》，说自己虽雄心尚在，但年纪已大，力不从心了。希望王安石刻苦努力，写出超过前人的文章来。

随后王安石也写了首《奉酬永叔见赠》的七律诗回赠，感谢欧阳修的关怀和礼遇，表示绝不辜负期望。两人的友谊一直持续到晚年，并经受住了政见不一的严峻考验。

王安石执政时推行新法，欧阳修不赞同，经常发生激烈的争论。但欧阳修却一直爱护着王安石，王安石一直很尊敬欧阳修。欧阳修去世，王安石亲自撰写祭文，表达自己沉痛悼念之情。讲友谊而不无原则地随和，明是非又不影响情谊，这是多么难得呀！

| 围炉夜话 |

粗粝能甘　纷华不染

粗粝❶能甘，必是有为之士；纷华❷不染，方称杰出之人。

性情执拗❸之人，不可与谋事也；机趣流通❹之士，始可与言文也。

不必于世事件件皆能，惟求与古人心心相印❺。

注释

❶ 粗粝（lì）：粗粮。这里形容艰苦的生活。

❷ 纷华：声色荣华。

❸ 执拗：固执乖戾。

❹ 机趣流通：表示机智灵敏，情趣相投，交流契合，通情达理的意思。

❺ 心心相印：心意相通。

解读

能够甘愿于粗糙的饭食，一定是有作为的人；能够不受声色荣华引诱的人，才能算是杰出的人。

性情固执偏激的人，往往不能和他共同谋划大事；天性充满情趣而活泼的人，才能够和他谈论文学中的奥妙。

不一定要对世上的事样样知道，关键是要对古人的心意心领神会。

故事链接

岳飞，字鹏举，相州汤阴人。岳飞小时因遭水灾，家里一贫如洗，全家依靠母亲做针线活，纺纱织布，赚得几文钱，糊口过日子。

家境虽然贫寒，岳飞却酷爱读书，在母亲的教诲下，他白天上山拾柴时就抓紧空余时间读书写字。晚上没有油灯，就把白天拾来的枯柴，点起来照明诵读。无钱买纸笔，他就把路边的细沙弄回家来铺平当纸，用树枝做笔，一笔一画地练习写字，写了一遍抹平又写，反反复复从不厌倦。

岳飞很聪明，又很用功，贫穷砥砺了他的志气，学习启发了他的智慧。没有多久，他文才大进。母亲看见岳飞聪明敏锐，说不出地高兴，就到附近的私塾里去找老师，宁可自己省吃俭用，也要给岳飞交学费，让他到学校深造。岳飞得到了学习的机会，苦读了几年书，学问增长很快。

岳飞十几岁时，家里实在太穷，只得停止读书，到一个大地主家去干活。那时，尽管农活非常繁重，日子艰难困苦，但是岳飞从不放弃练武和读书。

白天劳动之余，夜间休息之时，他就读书写字，有时甚至通宵不眠。他有很强的记忆力，不论什么书看了就会背。他无书不读，尤其是喜欢《春秋左氏传》和孙、吴兵法。岳飞通过勤奋的苦读，写得一手好文章。他写的文章，思想细致，分析精密，判断力很强。他做的诗词，意气豪迈，感情充沛。他还练就一手好字，笔法纵逸，尤其擅于行书。

岳飞从小一边读书，一边练武。19岁就能挽弓三百斤、弩八石。后来，在周侗老先生和著名枪手陈广的传授下，成为武艺超群的人物。

20岁那年，他怀着抗击侵略者，收复中原的壮志从军，母亲在他背上刺了"精忠报国"的训词。后来，岳飞以自己的实际行动实现了这个誓言，成为南宋著名的爱国将领、历史上杰出的民族英雄。

| 围炉夜话 |

无愧于心　收效桑榆

夙夜❶所为，得毋抱惭于衾影❷；光阴已逝，尚期收效于桑榆❸。

念祖考❹创家基，不知栉风沐雨❺，受多少苦辛，才能足食足衣，以贻❻后世；为子孙计长久，除却读书耕田，恐别无生活，总期克勤克俭，毋负先人。

但作里中不可少之人，便为于世有济；必使身后有可传之事，方为此生不虚。

注释

❶ 夙夜：早晚，朝夕。
❷ 衾（qīn）影：衾，被子。《宋史·蔡元定传》："独行不愧影，独寝不愧衾。""无惭于衾影"是指独处时没有愧对于心的行为。
❸ 桑榆：指晚年。
❹ 祖考：指祖先。
❺ 栉风沐雨：以风梳发，借雨洗头。比喻不避风雨，奔波劳苦。
❻ 贻：留。

解读

每天早晚的所作所为，一定要无愧于心；光阴已经消逝，还希望在晚年有所成就。

祖先创立家业，不知道经过多少风风雨雨，受了多少艰难困苦，才能做到丰衣足食，以将家业传给后世；为子孙的将来长远地着想，除了读书和种田，恐怕再没有别的生活，总希望子孙能够保持勤俭，不要辜负了祖先。

只要能够做一个乡里不可缺少的人，就是对世人有所帮助；一定要使死后有可以流传的事业，才是不虚度这一生。

故事链接

东汉末年，崔琰在河北袁绍处当门客。"官渡之战"曹操大败袁绍，崔琰被曹操俘获。曹操看他是个人才，便把他留在自己身边任职。

崔琰有个堂弟叫崔林。崔林平时说话不多，性格比较内向，也很少在亲友之间走动。特别是他成年以后，淡泊功名，一时之间没有什么大成就。为此，亲友们谈起崔林，都会显出一副鄙夷不屑的样子，评价说："崔林这个人不会有什么大作为，与崔琰比可是差远了。"

崔琰却有自己的主见，他每次遇到亲友，都对他们说："我与诸位的看法不同。我以为人的发达有迟有早，我不过早做了几年官罢了，哪里比得上崔林呢？才能大的人需要更长时间才能成器，以他的见识和才干，将来一定能成就一番大事业。"

崔琰的眼光果然没有错。崔林的才能的确很出众。他从小虽然默默无闻，但一直刻苦学习，注意天下大事的变化，暗中积累了很多的知识。他相信自己总有一天能成为利国利民的有用之材。

不久，崔林的才能被曹操发现了。曹操先是任命崔林为主簿，后任命他为御史大夫。到文帝时，崔林竟官至司空，被封为安阳侯，成为魏国的股肱之臣。

> 围炉夜话

齐家先修身　读书在明理

齐家①先修身②，言行不可不慎；读书在明理③，识见不可不高。

桃实之肉④暴于外，不自吝惜，人得取而食之；食之而种其核，犹饶生气焉，此可见积善者有余庆⑤也。栗实之肉秘于内，深自防护，人乃剖而食之；食之而弃其壳，绝无生理矣，此可知多藏者必厚亡⑥也。

注释

① 齐家：治理家庭。
② 修身：修养身心。
③ 明理：明白事理。
④ 桃实之肉：指桃子的果肉。
⑤ 余庆：指余福，即泽及后人。
⑥ 厚亡：多有取亡之道。

解读

治理家事先要修身养性，一言一行不能够不谨慎；读书的目的在于通达事理，认识和见解不能不高深一些。

桃子的果肉在外面，毫不吝惜，人们都可以取来食用；食用后将其果核种在地下，能再发芽而生生不息，由此可见做善事的人，必定有遗泽留给后代。栗子的果肉藏在壳内，保护得很好，而人们只好剖开食用，食用时将果壳丢弃，再没有发芽生根的可能，由此可见愈是深藏吝惜者，愈是会自取灭亡。

齐家先修身　读书在明理

故事链接

石勒是战国时期后赵的第一任国王。当初，石勒家里很穷，替人耕田。武乡一带兴种麻织布，收获后，麻秆要放在沤麻池里沤。沤过的麻秆，容易剥离，且又十分柔软。

邻居李阳与石勒同使一个麻池，二人都很年轻，常常为了沤麻的事发生口角，以致殴打。每次都是鼻青眼肿，遍身泥水。乡亲们也无可奈何他们。

后来，石勒被抓了壮丁，从此杳无音信。石勒走后，李阳常常去照顾他年老的父母，抢累活脏活干，可以说无微不至。

有一天，有人来告诉李阳，说："石勒已经当上赵国国王，都在襄国建都了，还要请当年的父老乡亲到襄国去叙旧呢！"后来又说：

围炉夜话

"石勒已经派人来了!"

李阳听了,吃惊非小。想起当年的事,惴惴不安。心想:这回可完了,赶快逃跑吧!又一想:跑到哪也逃不出国王的手掌心啊!不如看看风声再说,就跟随着乡亲们去襄国了。

到了襄国,李阳徘徊在赵王宫殿前,不敢进去。乡亲们也为他捏了一把汗,只好先进去了。

石勒见了乡亲,嘘寒问暖,十分亲热。当问到李阳时,乡亲们吞吞吐吐地说:"他有心事,不敢进殿!"

石勒听了,哈哈大笑,道:"李阳是个好人,理应请到。至于当年,属于孩儿们之间的区区小事,早已化为乌有了。你们想,一国之君怎能如此心地狭窄,容不得人?连李阳都能不计前嫌,精心照顾我年老的父母,难道我连他都不如吗!"

石勒连忙诏见李阳,设宴款待,同他欢饮,拉着他的手说:"我从前挨够了你的硬拳头,你也尝够了我的毒巴掌,今天也该和好了!"说完哈哈大笑,李阳也会心地笑了。后来,石勒留下李阳,任他为参军都尉。

修身求备　读书求深

求备①之心，可用之以修身，不可用之以接物；知足之心，可用之以处境，不可用之以读书。

有守虽无所展布②，而其节不挠③，故与有猷有为④而并重；立言即未经起行，而于人有益，故与立功立德而并传。

遇老成人⑤，便肯殷殷求教⑥，则向善必笃⑦也；听切实话⑧，觉得津津有味，则进德可期也。

注释

① 求备：追求完美的心思。

② 展布：发展、推广的意思。

③ 不挠：不屈服。

④ 有猷有为：有计谋、有作为的意思。《尚书·君陈》："尔有嘉谋嘉猷。"尔指你，嘉指好，你有好谋划。

⑤ 老成人：年长有德的人。

⑥ 殷殷求教：意指殷勤而真诚求教。

⑦ 向善必笃：求善心要忠诚、厚道。

⑧ 切实话：非常实在的言语。

解读

追求完美的想法，可以用于自我修身养性，却不可用在待人接物上；易满足的心理，可以用在对环境的适应上，却不可以用在读书求知上。

围炉夜话

有良好的操守即使难以推广，然而志节不屈，所以和有道义、有作为同等重要；创立学说虽然并未以行动来加以表现，但是对他人有益，因此与建立事业和建立圣德同样值得传颂。

遇到年老有德的人，便肯虚心求教，那么求善之心必定十分诚恳；听到切直实在的话，便觉得津津有味，那么德业的长进就有望了。

故事链接

商朝西方有个叫周的诸侯国。商朝末年，周的国君是周文王。他很敬重有本事的人，多方延请他们来帮助治理国家，许多人都来投奔他。

有一次，周文王外出打猎，在渭水之滨的一条小河边遇见一位钓鱼的老人。老人须发斑白，看上去有七十多岁了。奇怪的是他一边钓鱼，一边嘴里不断叨念："快上钩呀快上钩！愿意上钩的快来上钩！"

再一看，老人钓鱼的钩离水面有三尺高，并且是直的，不是弯的，上面也没有钓饵，文王看了很纳闷，就过去和老人攀谈起来。这老人姓姜名尚，又名子牙，是远古时代炎帝的后代。他曾在商朝的首都朝歌宰过牛，在黄河边上的孟津卖过酒。但由于不会做买卖，尽亏本。

姜尚虽然很有才华，但是在商朝却一直不得重用，真是岁月不饶人，一晃就成了七十多岁的老人，但他还想找一个施展才能的机会。他听说周文王广求贤才，所以到渭水边上来钓鱼，其实是在等贤明的君主来寻访他。

周文王在和姜尚的谈论中，发现姜尚是一个眼光远大、学问渊博的人。他上通天文，下知地理，对政治、军事各方面都很有研究，特别是对于当时的政治形势，分析得头头是道。他认为商朝的天下不会很久了，应当由贤明的君主来推翻它，建立一个新的朝廷，让老百姓过上舒服的日子。姜尚的话句句都说到文王心里。他本来就是为了推翻商朝，到处去寻访大贤人，这眼前的姜尚，不就是自己要寻访的大贤人吗？

文王恳切地对姜尚说:"我们盼望您很久了,请您到我们那里去,帮助我们治理国家吧!"说完,就叫手下人赶过车子来,邀请姜尚和自己一同上车,回到城里去。

姜尚到文王那里,先被立为国师,后来又升为国相,总管全国的政治和军事。周文王的父亲在世的时候,就向往着姜尚这样的大贤人了。所以人们尊称姜尚为"太公望",后来人们干脆把"望"字去掉,就叫他"姜太公"。

姜太公做了周文王的国相。他果然是个栋梁之材,帮助周文王整顿政治和军事,对内发展生产,使人民安居乐业;对外征服各部族,开拓疆土,削弱商朝力量。最后,推翻了商朝,建立了周朝在全国的统治。

围炉夜话

要有真涵养　要写大文章

有真性情❶，须有真涵养❷；有大识见❸，乃有大文章。

为善之端❹无尽，只讲一让字，便人人可行；立身之道何穷，只得一敬字，便事事皆整❺。

自己所行之是非，尚不能知，安❻望知人？古人已往之得失，且不必论，但须论己。

注释

❶ 真性情：至真无妄的心性情思。
❷ 真涵养：真正的修养。
❸ 大识见：意指涉世广、见识多、经历丰富。
❹ 端：方法。
❺ 整：规范。
❻ 安：哪里。

解读

有至真无妄的性情，必须先要有真正的涵养；有大的见识，才能写出不朽的文章。

做善事的方法是没有止境的，只要能做到一个"让"字，那么人人都可以行善；立身处世的方法也很多，只要做到一个"敬"字，那么就能事事理顺。

自己所做的事是对还是错，自己都不知道，那么怎么希望别人能够了解？古人过去的得与失，暂且不去评论，而是先要对自己的行为做出正确的判断。

故事链接

忙过了一天公务，明朝礼部尚书杨翥缓步走出衙门。春天的暖风吹来，使人感到舒适、惬意。他伸伸懒腰，吩咐等在衙门口的用人："回府。"用人们连声应道："是，老爷。"

杨翥到家后，便到书房歇息，等待吃饭。这时，夫人走进书房。杨翥抬头，笑着问："夫人来请我吃饭？"

夫人摇摇头，说："饭还没有做好。老爷，我来是有事相告。"

杨翥说："夫人请讲。"

夫人向前走了几步，说："本来不想将这些杂事告知老爷，可此事不讲，又觉不妥。大概是因为春天到来，许多人家动土，或种植，或修建。咱家西侧邻居今日修了一条篱笆，占去了咱家宅地一二尺。"

杨翥抬起头，夫人接着讲："按说，邻人多占我家宅地是不对的，可是，可是……""可是什么？"杨翥说道。

夫人犹豫了一会儿，说："我是说，区区一二尺地，我们就不去计较了，不知老爷以为如何？"

听了夫人的话，杨翥笑了，说："夫人所言甚是，我赞成。"

夫人也笑了，说："我看出来了，你又要诗兴大发，写首新诗了。"

杨翥点点头，说："夫人猜中了，我有四句诗，待我写来，请夫人指教。"说罢，杨翥提笔铺纸，写下了四句：

余地无多莫较量，一条分作两家墙。
普天之下皆王土，让他三尺又何妨。

仁厚是儒家之道　虚浮为今人之过

治术①必本儒术②者，念念皆仁厚也；今人不及古人者，事事皆虚浮③也。

莫之大祸，起于须臾④之不忍，不可不谨。

家之长幼，皆倚赖⑤于我，我亦尝体其情否也？士之衣食，皆取资于人，人亦曾受其益否也？

富不肯读书，贵不肯积德，错过可惜也；少不肯事长⑥，愚不肯亲贤⑦，不祥莫大焉！

注释

① 治术：治理国家的方法。
② 儒术：儒家学术的理论和方法。
③ 虚浮：空虚而轻浮。
④ 须臾：一会儿，暂时。
⑤ 倚赖：依靠。
⑥ 事长：侍奉长辈。
⑦ 亲贤：亲近贤达的人。

解读

治理国家的方法一定要按照儒家的思想去做，是因为儒家的治国之道都出于仁爱宽厚之心；现代有很多人不如古代人，是因为他们所做的事都虚浮不实在的缘故。

仁厚是儒家之道　虚浮为今人之过

无论多大的灾祸，都是由于一时不能忍耐而造成的，所以行事不能不谨慎。

家中的老小都依靠我生活，我是否也体会得到他们的心情与需要呢？读书人的衣食完全凭着他人的生产来维持，他人是否也曾从读书人那里得到些益处呢？

致富之后不愿意读书，地位高了不愿意积德，错过这些读书和积德的机会十分令人惋惜；年少不愿意尊敬长者，愚昧又不愿意接近贤能的人，没有比这更大的不吉之兆了。

故事链接

三国时期著名的神医华佗，少年时代曾跟一位姓蔡的大夫学医。他聪明勤奋，深得师傅赏识。有一天，师傅把华佗叫到跟前说："你已学了一年，认识了不少草药，也懂了一些药性，以后就跟师兄去学抓药吧！"

华佗到了药铺，不料师兄们欺他年幼老实，就是不许他摸秤。他每天只能为师兄包药捆绳，干些零碎杂活。但又不好马上向师傅告状，怕影响兄弟间的关系。

华佗是个有心的孩子。每当师兄把药称好，让他包装，他就看看药单，再把药包用手掂一掂，记下它的重量。等闲下来时，再把药包打开，用手掂一掂每一味药的重量。这样，日子久了，他手上的功夫越来越熟练了。

华佗出师以后，自己去各处行医，仍然保持谦虚谨慎的作风。他的母亲就是患了不治之症而死的。因此，他深知医道永无止境，非得时时学习，不断充实自己才行。

有一年，一位乡下农民害了病，请华佗治疗。那位病人皮肤黄了，眼珠也黄了，华佗诊了脉，看了舌苔，对病者的家人说："依我的经验，这病没法子治了，早日准备后事吧！"说完，长叹一声，背起药箱离去了。

过了一年多，华佗又过此村，仍惦记着那户人家，便前往探视。他想询问一下病人死去的情形，对家人是否有所传染。不料，进了门大吃一惊，原来那位病人活得好好的，身体已完全康复。

华佗急忙问他请过哪位名医，又是如何治疗的？病人回答说，未曾有人来医。华佗深感奇怪，又急问他都吃过什么药物？

病人长叹一声说："唉，不瞒先生，当时本地正闹饥荒，家里连饭都吃不上，哪有钱去买药呢？家里的人都到很远的地方挖野菜去了，我一个人走不得长路，就在附近寻找野菜。结果常见的野菜挖光了，我就在一片片坟地当中啃吃刚刚拱土的蒿苗……"

"吃了蒿苗觉得怎样？"

"味道不大好。不过吃得日久，身上的黄褪了，能走路了，我就边走边吃，追赶家人去了。"

华佗听后，让他带自己去看个究竟。华佗就按他的指点，拔了许多青蒿，然后带上青蒿，立刻动身到外地寻找类似的病去了。他跋山涉水，到处打听，终于找到了害黄病的患者，便亲自熬药端汤，观察疗效。然而过了几天，病状并未减轻。华佗深感诧异，于是第三次故地重游，决心弄个明白。原来，那位农民啃青蒿是在正月，蒿苗刚刚冒尖。而华佗采蒿已在二月，蒿苗都已长高了。

第二年正月，华佗及时采集了蒿苗，赶往病人住处。幸好人还没死，可以检验药效了。服了药，那病人果然好转。华佗松了一口气，说："由于我调查不细，险些拿人命开玩笑啊！"后来，他又经过多次实验与比较，才把自己的发现总结出来，并给新药命名为茵陈。

意趣清高　志量远大

自虞廷①立五伦②为教，然后天下有大经③；自紫阳④集四子成书⑤，然后天下有正学。

意趣⑥清高，利禄不能动也；志量远大，富贵不能淫也。

最不幸者，为势家女⑦作翁姑⑧；最难处者，为富家儿作师友。

注释

① 虞廷：虞舜之世。

② 五伦：即父子有亲，君臣有义，夫妇有别，长幼有序，朋友有信。

③ 大经：不可变易的礼法。

④ 紫阳：北宋理学大家朱熹，字元晦，一字仲晦，又号晦庵，徽州婺源人。学者称为紫阳先生。

⑤ 四子成书：朱熹集注《论语》《孟子》《大学》《中庸》合称四书。

⑥ 意趣：心意志趣。

⑦ 势家女：意指有权势人家的女儿。

⑧ 翁姑：公婆。

解读

自从虞舜创立五伦之教，天下才有不可变易的人伦大道；自从朱熹集《论语》《孟子》《大学》《中庸》为四书，天下才确立了足为一切学问奉为准则的中正之学。

志趣高雅，就不会为钱财官位所打动；志向远大，身在富贵中也不会放纵迷乱。

最不幸的是给有权有势人家的女儿做公婆；最难办的，是给富家子弟做老师和朋友。

故事链接

元世祖忽必烈小时候有一个好朋友叫不忽木。不忽木自幼喜欢读书，而且记性很好，知识丰富。忽必烈的父亲就把他找来，让他做伴读，陪着忽必烈一起读书。不忽木利用这个好机会，读了许多书籍，懂得治国安民之道。

忽必烈登上皇位之后，想让不忽木做丞相，帮助自己巩固天下，不仅因为不忽木是小时候的朋友，而且他们都长大之后，不忽木经常在忽必烈身边，出谋划策，南征北战。

忽必烈就对不忽木说："不忽木，我打算任命你为丞相，怎么样？"

"陛下，臣不敢领命。臣深知自己的韬略不足以辅佐陛下，还是任用比我更强的人为好。"

"知臣莫如君，何况我们从小在一起，我对你十分了解，你的文韬武略，完全能担当得起丞相的重任，不必推辞。"

"陛下，最了解我的能力的，还是我自己。我不是谦让，实在是怕耽误了陛下的大事。让我任丞相一职，绝不敢从命。"

不忽木再三推辞，忽必烈也不好勉强，就另选了丞相，而任命不忽木为尚书。后来每当丞相出缺的时候，或对现任丞相感到不如意的时候，忽必烈都要请不忽木出任丞相，但是一次次都被他坚决推辞掉了。

至元二十八年（公元1291年），忽必烈查办了丞相桑格横征暴敛、中饱私囊、卖官鬻爵的罪行，想让不忽木担任丞相一职，就派人召他进宫商量，说："从前我误用了桑格，险些坏了国家的大事，现在只有任用贤能之士，来弥补我的过失，重整朝纲。"

"陛下所想极是！"不忽木答道。

"我看你来担任丞相，最为合适。"

"我现在担任尚书，已感到力不从心。"

"你太谦虚了。在朝中你威望最高，丞相一职，非你莫属。"

"陛下，还是从比我能力更强的人中挑选吧。"

忽必烈沉吟了半晌，问道："依你看谁最合适？"

不忽木答道："太子詹事完泽最合适。他曾在阿合马家住过，抄没阿合马家时，抄出一本送礼人名录，那上面唯独没有完泽的名字。可见他的品格。"

忽必烈非常赞赏不忽木的高尚情操，就任命完泽为尚书右丞相，不忽木为平章政事。丞相是一人之下，万人之上的职务，但以谦虚礼让为本的人，却可以放弃它，这正是不忽木超过常人之处。

不忽木身为忽必烈的近臣，劝谏时往往没有多大顾忌，但能知无不言，确实精神可嘉。他执法公正，人无异词，一个重要原因，是他本人廉洁而正直。

在桑哥当政时，对不忽木是表面敬重而实际上忌惮，曾经唆使西域商人送给不忽木一筐精美的珠宝，好借口惩处不忽木。但是不忽木拒绝接受。大德四年（公元1300年），不忽木去世，家里贫穷得都无法安葬他。成宗赐给他家钞五百锭，才办了丧事。

| 围炉夜话 |

钱造福也能生祸　药救人也能杀人

钱能福人❶，亦能祸人❷，有钱者不可不知；药能生人❸，亦能杀人，用药者不可不慎。

凡事勿徒❹委❺于人，必身体力行，方能有济；凡事不可执于己，必集思广益，乃罔❻后艰。

耕读固是良谋，必工课无荒❼，乃能成其业；仕宦虽称贵显，若官箴❽有玷，亦未见其荣。

注释

❶ 福人：使人得福。
❷ 祸人：使人遭难。
❸ 生人：使动用法，指"使人活""使人生存"。
❹ 徒：只，仅仅。
❺ 委：依赖。
❻ 罔：无、没有。
❼ 工课无荒：意指工作和学习两不误。
❽ 官箴：官吏之诫。

解读

钱财能够为人带来福分，也能造成祸患，有钱的人不能不明白这个道理；药物能够救活人，也能够毒死人，用药的人不能不谨慎。

不要任何事情都交给别人去办，一定要身体力行，才能对自己有所帮助；不要任何事情都固执己见，一定要集思广益，才会避免将来遇到困难。

耕种和读书固然是好的谋生之道，但一定要耕种和学习都不荒废，才能成就功业。入仕为官固然声名显赫，如果为官的准则受到玷污，那么做官也不见得是什么荣耀的事。

故事链接

王冕是元代著名的诗人、花鸟画家。小时候，因为家里穷，不能上学读书，父亲便叫他给人放牛，好挣点儿钱补贴家用，当时他才七八岁。

有一天，王冕从学堂门前走过，被里面的读书声吸引住了，就把牛拴住，趴在窗子外面偷听老师讲课。老师的讲解，有时深奥，有时浅显，还夹杂着许多闻所未闻的典故，使王冕产生了浓厚的兴趣，久久不愿离去。

王冕还把老师写的字记在心上，听完之后，用树枝在地上练习。就这样，他不仅偷学了不少字，还学会了不少文章，能够背下来。但是，由于害怕父亲骂他贪玩，他不敢把这事告诉家里。

有一次，王冕听完课后，发现牛不见了，只有半截缰绳扔在地上。他知道，牛等不及了，自己挣断缰绳去吃草了，急忙四处寻找，直到天黑透了才把牛找到。

回到家里，正赶上一个邻居找上门来，说王冕家的牛偷吃了他家的麦苗。父亲一怒之下，举起棍子就把他抽打了一顿，问他还敢不敢再贪玩。

王冕说："我不是贪玩，我是听先生讲课去了。"父亲不相信，问他听到了什么。王冕便把他听到的文章背了一遍，父亲一听，还真像那么回事。

见父亲面有喜色，王冕又在地上写了几个字让父亲看。这时，父

围炉夜话

亲摸了摸儿子的头,感慨地说:"儿子,爹错怪你了。爹没钱供你读书,你却这样用功,爹对不起你啊。"

看到儿子是一个读书的苗子,父亲对母亲说:"孩子自个儿用功,咱做爹妈的也不能看着不管。放牛时间太长,耽误他读书,不如找个空闲多的活儿让他干,这样他就能腾出更多的时间读书了。"商量好之后,父母到处打听。

功夫不负有心人,有个人告诉他们,附近庙里需要一个打杂的,活儿并不多。于是,父亲对王冕说:"想不想去庙里干?那里空闲时间多,还能挣钱。就是要离开家里,住在庙上。"王冕虽然不愿与父母分开,但一想到能读书,就答应了下来。

来到庙里,王冕很勤快,老和尚很喜欢这个聪明好学的孩子,除去工钱外,还给他一些小钱,王冕便把这些钱攒起来买书。

一到夜里,王冕就悄悄走出来,坐在佛像的膝盖上,手里拿着书就着佛像前的长明灯的灯光诵读,有时一直读到深夜。正是靠着这来之不易的学习机会,王冕一点一滴地积累知识,终于成为著名的诗人和画家。

儒者多文为富　君子疾名不称

儒者多文为富，其文非时文❶也；君子疾❷名不称，其名非科名❸也。

博学笃志❹，切问❺近思，此八字是收放心❻的工夫；神闲气静，智深勇沉❼，此八字是干大事的本领。何者为益友❽？凡事肯规❾我之过者是也；何者为小人？凡事必徇己之私❿者是也。

注释

❶ 时文：应时文，八股文。

❷ 疾：忧虑。

❸ 科名：本指科举的名目，这里指科举之名。

❹ 博学笃志：具有广泛、渊博的知识以及有坚强的意志。

❺ 切问：极力地向人请教。

❻ 收放心：指收回放纵散漫的心，专心于学。《孟子·告子篇》："学问之道无他，求其放心而已矣。"

❼ 智深勇沉：是指智慧、谋略、勇敢、沉着的意思。

❽ 益友：对自己有益的朋友。

❾ 规：规劝。

❿ 徇己之私：徇，偏袒；私，过错。意指自私自利，唯利是图。

解读

读书人把文章当作财富，这些文章并不是应时之作；正直的君子担心

围炉夜话

名声不好，不能为人称道，这个名声指的不是科举之名。

广泛地涉猎知识，志向坚定，切实地向人请教，并仔细思考，这是研习学问的重要功夫；心神安详，无浮躁之气，拥有深刻的智慧和沉毅的勇气，这是做大事所要具备的主要能力。

什么人可以称为益友，那些愿意规劝我改正过错的就是益友；什么人是小人，任何事情，都从私利出发，一意孤行的人是小人。

故事链接

刘备是三国时期蜀国的建立者。刘备不仅善交朋友，和关羽、张飞结为异姓兄弟，还能诚恳地帮助朋友，刘备和许汜两人推心置腹，无话不谈。有一天，刘备和荆州刺史刘表闲谈，评论当世著名的人物，许汜也在座。当谈到徐州的陈登时，许汜插话说："陈登的文化教养太低了，总也脱不掉一股粗野人习气。"

"你有根据吗？"刘备诧异地问。

"当然有。"许汜说，"头几年，他在吕布那儿做事，我去拜访他，他不但不搭理人，晚上他自己睡大床，却让我睡在小床上。"

刘备笑着说："他这样做是对的。"

许汜站起来正要分辩，刘备双手搭在他的肩上，诚恳地说："你在外面的名气大，人们对你的要求也就高了。现在兵荒马乱，老百姓够苦的了。你不关心这些，只打听谁家买肥田，谁家买好屋，尽想捞便宜。陈登最看不起这种人，他怎会同你讲心里话呢？他让你睡小床，还算优待你了。若是我，就让你睡在地上，连小床也不让你睡。"

刘表大笑说："许汜，你快改掉这毛病吧。"许汜感到刘备是真诚帮助自己，感激刘备批评人不留情面，并表示要改正自己的缺点。

待人宜宽　行礼宜厚

待人宜宽，惟待子孙不可宽；行礼宜厚❶，惟行嫁娶不必厚。

事但观其已然，便可知其未然❷；人必尽其当然，乃可听其自然❸。

观规模❹之大小，可以知事业之高卑❺；察德泽之浅深，可以知门祚❻之久暂❼。

义之中有利，而尚义之君子，初非计及于利也；利之中有害，而趋利❽之小人，并不愿其为害也。

注释

❶ 厚：周到，厚重。
❷ 未然：未来出现的情形或情况。
❸ 听其自然：任其自然发展。
❹ 规模：立制垂范，规制法式。
❺ 高卑：崇高和浅陋。
❻ 门祚（zuò）：即门庭或家庭。
❼ 久暂：长久还是短暂。
❽ 趋利：意指趋炎附势和唯利是图。

解读

对待他人应该宽容，但是对待子孙千万不能宽容；礼尚往来要周到厚重，但是办婚事时不宜太铺张。

只要观察已经发生之事的情形，就可以预知将要发生的情况；一个人

| 围炉夜话

一定要尽其本分,然后才能听任其自然发展。

看规制法式的大小,便可以知道这项事业本身是宏大还是浅陋;观察品德与恩泽的深浅,便可以知道家运是绵延长久还是昙花一现。

道义中也包含有利益,而崇尚义行的君子,最初并没有考虑到是否有利可图;利益中也包含有祸害的因素,而那些追逐利益的小人,并不希望祸害的因素变为现实。

故事链接

渑池之会,蔺相如为赵王挣足了面子,并且让秦国签了和约。回国后,赵王认为蔺相如是难得的人才,便拜他为相国。廉颇见蔺相如仅凭一张嘴,就被拜为相国,而自己戎马一生,战功赫赫却官位不及蔺相如,心里很不服气,决定找机会羞辱他一番。

蔺相如知道后,处处躲着廉颇,有时还称病不肯上朝。有一天,蔺相如带着门客出去,远远地看见廉颇的车迎面而来,忙将自己的车退进小巷里,让廉颇的车过去。

蔺相如和门客回到府上后,有一位门客对蔺相如说:"我是敬佩相国的才能和胆识,才在您这里做门客的。没想到相国您却如此胆小,害怕廉将军。看来我是看走眼了。"

蔺相如听后笑笑说:"你说廉将军跟秦王比,谁的势力大?"

门客回答说:"当然秦王的势力大。"

蔺相如接着说:"天下诸侯都惧怕秦王,而我却敢当面责备他,我怎么会怕廉将军呢?秦国现在之所以不敢侵犯赵国,就是因为有廉将军和我在。如果我与廉将军不和,秦国一定会趁机来侵犯。所以我情愿忍让廉将军。"

后来,蔺相如的话传到了廉颇的耳朵里,廉颇感到无地自容。一天,蔺相如正在书房读书,有个门客急匆匆地跑来说:"廉将军找上门来了。"

待人宜宽　行礼宜厚

蔺相如愣住了，不知廉将军为什么突然上门，急忙出门迎接。只见廉颇裸着上身，背上绑着荆条，见到蔺相如便双膝跪倒，说道："我心胸狭窄，请相国责罚我吧！"蔺相如慌忙扶起他，二人的手紧紧地握在一起。

蔺相如说："咱们两个人都是赵国的大臣。将军能体谅我，我已经万分感激了，怎么还来给我赔礼呢？"

从此，二人齐心协力，共同保卫国家，秦国十几年不敢侵犯赵国。蔺相如以大局为重，用宽广的胸怀感动了廉颇。我们在与他人相处时，也要顾全大局，不能因为个人恩怨斤斤计较，而耽误了大事。

围炉夜话

小心谨慎无咎　高位难保其终

　　小心谨慎者，必善其后❶，畅则无咎❷也；高自位置得，难保其终，亢则有悔❸也。

　　耕所以养生，读所以明道❹，此耕读之本原❺也，而后世乃假❻以谋富贵矣。衣取其蔽体，食取其充饥，此衣食之实用也，而时人乃藉以逞豪奢❼矣。

　　人皆欲贵也，请问一官到手，怎样施行？人皆欲富也，且问万贯缠腰，如何布置❽？

注释

❶ 必善其后：一定能善始善终。

❷ 畅则无咎：咎，指过失，又指灾祸。意指通情达理、小心谨慎处理事情就可避免过错。

❸ 亢则有悔：亢，高，指高傲；悔，悔恨。意指爬到高于自己能力的范围，感到高处不胜寒而后悔。

❹ 明道：申明道理，明白事理。

❺ 本原：本意。

❻ 假：借，凭借。

❼ 逞豪奢：意指显示富豪奢华。

❽ 布置：运用。

小心谨慎无咎　高位难保其终

解读

小心谨慎的人，处理事情必定会善始善终，保持谨慎、通达事理就不会犯下过错；不以才干处于高位的人，难以保持此地位的长久，才干不足而处于过高的地位终会有后悔的时候。

种田是为了满足生存的需要，读书是为了明白道理，这就是种田和读书的本意，而后世之人却借耕田读书谋取富贵。衣服是为了遮羞和御寒，食物是为了充饥，这些就是衣服和食物的实用价值，而现在的人却以此作为展示奢侈的手段。

人人都希望自己地位显贵，但是请问一下官位到手后，你将怎样去施行政务？人人都希望富有，请问那些腰缠万贯的富翁们，如何使用这些钱财？

故事链接

西门豹是战国时期魏国的著名政治家、水利家，他一身正气，两袖清风，他的事迹在老百姓中广泛流传。在一个小镇上，有一家磨坊，主人是桑格夫妇。这天，夫妇二人推磨磨豆腐，手忙嘴也不闲，一边聊着好官西门豹，一边聊着城里有个老盐店缺斤少两的事。

不想他们说的这些话被西门豹在窗外听了个一清二楚，原来西门豹来村里私察暗访，恰好路过这里。

第二天，西门豹把桑格传到大堂，问道："卖豆腐的，昨天你们夫妻二人一边推磨，一边对本官说长道短，可有此事？"桑格心里大吃一惊：这西门豹可真神！昨天俺在屋里说话，又没有别人，他咋会知道呢？说了就是说了，看你能把我咋着！桑格老头答道："有。"

西门豹说："你是认打认罚？"桑格老头说："随你的便。"

西门豹说："好！给你一斤盐钱，罚你替我到老盐店里称一斤盐来。"桑格老头一听松了口气，心想，这还不简单？我就替你称上一斤。

桑格老头把盐称来，西门豹让人用秤一称，只有十五两，便说道："卖豆腐的，半路上你打拐了吧？咋只有十五两呢？"

桑格老头听说这话，顿时火冒三丈："西门大人！老盐店的掌柜从来卖盐不给够秤，坑害百姓。在你眼皮底下，你不去管，反说我拐了你的盐。你你你……你罚我称盐原来是一条毒计呀！"

西门豹笑了："老人家，请不要生气。这是一计，是为民之计，也是为你之计。一会儿你就明白了。"说罢便传老盐店的掌柜上堂。

老盐店的掌柜一到，西门豹拿起那包盐，问道："掌柜的，这盐是我打发卖豆腐的老头刚才从你店里称来的吧？你再给我称一下。"

老盐店的掌柜把盐一称，扑通一声跪倒在地："大老爷！是伙计一时看错了秤，少了一两。"

西门豹把惊堂木一拍："胡说！百姓骂你自从开店以来，从没看对过秤，每斤总少一两。你卖了多少年盐？又赚了多少银两？你可知罪？"老盐店的掌柜一看形势，知道抵赖不过，连连叩头认罪。

西门豹说："你认打认罚？认打，重打一百大板；认罚，罚你买头毛驴送来！"老盐店的掌柜怕受皮肉之苦，磕着响头说："小人罪该万死！小人认罚！"

毛驴送到堂下，西门豹拉着卖豆腐桑格老头的手，说："老人家，念你夫妻二人上了年纪，推磨劳累，这头毛驴就赠送给你俩啦！"

桑格老头这才明白西门豹的用意，自己原来是错怪他了。老头牵过毛驴，千恩万谢地回家了。西门豹治河神的事迹曾经广为流传，那件事表现了他的浩然正气。而这个惩治不法盐商的事虽然不大，但也反映出他为官清正、关注民生的高贵品质。

莫惟学文而离道　勿以取艺而弃德

文①、行②、忠、信③，孔子立教之目也，今惟教以文而已；志道④、据德⑤、依仁⑥、游艺⑦，孔门为学之序也，今但学其艺而已。

隐微⑧之衍⑨，即干⑩宪典⑪，所以君子怀刑也；技艺之末，无益身心，所以君子务本也。

士既知学⑫，还恐学而无恒；人不患贫，只要贫而有志。

注释

① 文：指诗书礼乐等典籍。
② 行：是行为。
③ 忠、信：是品性上的训练。
④ 志道：立志研究真理。
⑤ 据德：做事依据道理。
⑥ 依仁：绝不偏离仁恕。
⑦ 游艺：以六种技艺作为具体本领。
⑧ 隐微：隐蔽而细小的。
⑨ 衍：过失。
⑩ 干：违犯。
⑪ 宪典：法度，法典。
⑫ 知学：知道学问的重要性。

解读

文、行、忠、信，是孔子当时教导学生所设立的科目，而当今社会则

围炉夜话

只注重教学生文学。志道、据德、依仁、游艺，是孔门教育学生求学问的方法，而现在只注重学艺罢了。

一些不注意的小错误，很有可能就会触犯法律，所以君子做事时，要常在心中保持礼法，以免做出让自己后悔的事。技艺在学问中处于次要地位，对自身发展不会产生非常强大的力量，所以君子要重视根本的学问，而不把精力浪费在旁枝末节上。

读书人大都了解学问的重要性，但在学习时往往缺乏恒心。一个人不怕他经济有多窘迫，只要他内心依旧怀揣着远大的志向。

故事链接

吕蒙，字子明，三国时汝南富陂人。他是东吴一员英勇善战的著名的将军。在他小的时候，因为北方战乱，跟着母亲避乱到江东。青年时代就从军打仗，没有机会上学读书。虽然他很能干，英勇机智，又善于指挥，但是却没有文化。

吴王孙权很看重这位青年将军。有一天，他对吕蒙和另一名将领蒋钦说："你们现在都负有重任，应该多读点书，借以增长自己的知识和才干。"

吕蒙推托说："军中事务太多，恐怕安排不出时间来读书了。"

孙权开导说："我不是让你们专搞什么经学，只是希望你们多涉猎一些古书，从中吸取历史的经验教训罢了。你强调忙，难道比我的事务还多吗？我年轻时就读完了《诗经》《书经》《礼记》《左传》《国语》，只是没有读过《易经》。掌管军政要务以来，又读了三史和诸家兵书，自以为大有裨益。你们二位很聪明，只要肯学，就会学好。为什么借故推托，自暴自弃呢？应该迎头赶上。"

吕蒙听了孙权的一番劝告，深受感动。从此以后，他便利用一切零星时间，发奋攻读史书、兵书，知识越来越多，在军务上经常提出非凡的见解。

莫惟学文而离道　勿以取艺而弃德

当鲁肃代替周瑜，领兵镇守陆口，经过吕蒙兵营的时候，顺便去看望吕蒙。两人喝酒时，吕蒙问鲁肃："你身受重任，又同关羽的军队近在咫尺，将以什么计谋来防患于未然呢？"

鲁肃贸然回答："到时候再说好了。"吕蒙说："东吴和西蜀如今虽然联合起来共同抗魏，可是要知道，关

羽对于我们来说，毕竟是熊虎之患，怎么可以不预先定下对付他的计策呢？"当即，吕蒙为鲁肃策划了五条对策。

鲁肃听了，不由得肃然起敬，马上离开席位，伸手拍了拍吕蒙的脊背，感叹地说："我总以为老弟只会打仗，今天听了你的议论，学问竟然这样渊博，见解这样高明，真了不起！你已经完全不是当年在吴下的阿蒙了！"后来，鲁肃死了，吕蒙代其领军，袭破关羽，占领了荆州这个军事要地，为吴国建立了功勋。

孙权也曾这样赞扬吕蒙："像吕蒙、蒋钦这样，年长以后，还能自强不息，力求上进，这在一般人是做不到的啊！尤其是富贵荣华之后，尚能放下架子，勤奋学习，这就更是难能可贵了！"

围炉夜话

用功于内者心秀　饰美于外者心空

用功于内者，必于外无所求；饰①美于外者，必其中无所有。

盛衰之机②，虽关气运，而有心者必贵诸人谋③；性命之理④，固极精微，而讲学者必求其实用。

鲁⑤如曾子，于道独得其传，可知资性不足限人也；贫如颜子，其乐不因以改，可知境遇不足困人也。

注释

① 饰：装饰。
② 机：关键，枢要。
③ 贵诸人谋：贵，重视，看重。看重人的谋划。
④ 性命之理：形而上之道，讲天命天理的学问。
⑤ 鲁：愚鲁，迟钝。

解读

在自身修养方面不断努力取得进步的人，他们对外在事物的要求就不会很苛刻；那些极力追求外在美的人，他们的内心一定很空虚。

兴盛或是衰败，虽然有时和运气有一定的关系，但是有心人一定要求在各方面做得完善。许多道理，虽然十分微妙，但是在讲求学问时，一定要比较实用才好。

像曾子那样看上去不是很精明的人，却能颇得孔子真传，可见天资并不是决定一个人命运的关键。颜渊虽然贫穷，但他却并没有因此而失去快乐，可见遭遇和环境并不能够困住一个人。

故事链接

东汉时期，出生在一户穷苦家庭里的承宫很小就成了孤儿。8岁那年，他被卖到附近的一个地主家里做养猪的奴仆，不但吃不饱，穿不暖，还时常受地主的殴打、谩骂。

那时候，村里有个名叫徐子盛的人，学识渊博，在方圆几百里名气很大。他带了几百名学生，每天讲解《春秋》。

有一天，承宫赶着一大群猪从学馆门前经过，听见里面正在讲课，便停住脚步，侧耳静听。徐子盛是研究《春秋》的专家。他讲得生动形象，引人入胜。

承宫越听越有味，以至于忘记了放猪。无人管的猪散开来，各自觅食去了。太阳已经落山了，承宫还听得津津有味。地主在家等了很久，不见承宫回来，便出门寻找。当他在学馆门前找到承宫，却看不见猪时，简直气疯了，二话不说，扑上去就打。

"还不住手！为什么打小孩子呢？"徐子盛和他的学生听到打骂声，走了出来。问明原因后，徐子盛严厉地训斥了地主，而且让他把承宫留下来。承宫跳出火坑，得到学习的机会，从心底里感激徐子盛和他的学生们。他每天都勤勤恳恳地为学馆做事：出外打柴，回来就打水、做饭，一有空闲，就专心致志地学习。

几年以后，儒家的几部经典承宫全都学通了。他便告别老师，回家去自己开了个学馆，教出了许多学生。

| 围炉夜话

敦厚之人能托大事　谨慎之人可成大功

　　敦厚之人，始可托大事，故安刘氏❶者，必绛侯❷也；谨慎之人，方能成大功，故兴汉室者，必武侯❸也。

　　以汉高祖之英明，知吕后必杀戚姬❹，而不能救止❺，盖其祸已成也；以陶朱公❻智计，知长男必杀仲子，而不能保全，殆❼其罪难宥❽乎？

　　处世❾以忠厚人为法，传家得勤俭意便佳。

注释

❶ 刘氏：指以汉高祖刘邦为主的汉室皇族。

❷ 绛侯：指汉室开国功臣周勃。周勃，汉沛人，佐高祖定天下，封绛侯。

❸ 武侯：指三国蜀汉政治家、军事家诸葛亮。诸葛亮字孔明，助刘备败曹操，建国蜀中，与魏、吴成三国鼎立之势。

❹ 戚姬：戚夫人，为汉高祖宠姬，高祖崩，即为吕后所杀。

❺ 救止：解救阻止。

❻ 陶朱公：范蠡佐越王勾践破吴后，至定陶，自称陶朱公，经商而成巨富。

❼ 殆：大概，可能。

❽ 宥（yòu）：宽恕，饶恕。

❾ 处世：为人处世。

敦厚之人能托大事　谨慎之人可成大功

解读

忠厚诚实的人，人们才能够放心地将大事托付给他。因此，周勃就是那个能使汉朝天下安定的人。行事谨慎的人，才能够建立大的功业，因此，孔明才能够使汉室得以复兴。

像汉高祖这样雄才大略的帝王，他清楚地知道在他死后吕后会杀死他最心爱的戚夫人，但他依旧无法避免这个祸事的发生，大概是因为灾祸早已酿成了。像陶朱公那样足智多谋的人，他明明知道长子会害了次子，却无法保全此事，或许因为次子所造的罪孽本来就无法让人原谅吧！

在社会上为人处世，应当向忠实敦厚的人学习。要把勤劳和俭朴的美德传与后代，这便是最好的了。

故事链接

北魏时的高允奉命与崔浩一起修纂《国记》。在修纂中，他们继承了中国史学的优秀传统，"直书国恶，不为尊者讳"。魏太武帝得知此事，十分恼火，以"暴扬国恶"为罪名，要将他们二人处以极刑。

高允是太子的老师，太子得知此事，决心为自己的老师高允开脱罪责，太子要高允同他一起去晋见太武帝。事前，他再三叮嘱高允，一定要按他的意思回答皇帝的问话。

太子在皇帝面前把罪责推给了崔浩。在这生死关头，高允没有按太子的话说，却据实承担了自己的大部分责任。太武帝听后大怒："此甚于浩，安有出路！"意思是说，他这罪责比崔浩还严重，哪里还有开脱罪责的地方。

太子见此情景赶快上前解释道："高允他见皇上天威严肃，故一时惊慌失措，语无伦次，平时我问他时，他都说这些是崔浩所做。"皇上闻听太子的这番解释，怒气稍有平息。但高允不肯做违心的事，不肯把罪责推给崔浩了之，于是他又抢前一步道："太子这是可怜我，为了

围炉夜话

救我的性命,他平时并没有问过我,我也没有对他讲过此事。刚才我讲的是真话,不敢妄言。"

太武帝被他的诚实感动了,于是就赦免了他,但命令他起草惩处崔浩的诏书,要他在诏书中写明,自崔浩以下,僮吏以上128人皆夷灭五族。然而,高允又直言极力劝谏,拒绝草拟诏书。太武帝又大怒,后经太子再三拜请,才又得到太武帝的赦免。

穷尽事物之理　反观自己本心

紫阳补大学格致之章❶，恐人误入虚无，而必使之即物穷理，所以维正教❷也；阳明❸取孟子良知之说，恐人徒事记诵，而必使之反己省心❹，所以救末流也。

人称我善良，则喜；称我凶恶，则怒；此可见凶恶非美名也，即当立志为善良。我见人醇谨❺，则爱，见人浮躁，则恶；此可见浮躁非佳士也，何不反身为醇谨？

处事宜宽平❻，而不可有松散之弊；持身贵严厉，而不可有激切❼之形。

注释

❶ 格致之章：大学中有"致知在格物"句，朱熹注解，指格物是穷尽事物之理，无不知晓之意。

❷ 维正教：维护正统名教。

❸ 阳明：即王守仁，学者称为阳明先生，其学以默坐澄心为主，晚年专提"致良知"之说。

❹ 反己省心：反省自己的本心。

❺ 醇谨：醇，朴实厚重。醇厚谨慎。

❻ 宽平：不急迫而又平稳。

❼ 激切：激动，激烈。

围炉夜话

解读

朱子注《大学·格物致知》一章时，特别加以补充说明，他唯恐后来学者误解而误入虚无之境，所以让人们多去穷尽事物之理，目的在维护孔门的正教。王阳明取了孟子的良知良能之说，只怕学子只会机械地背诵，所以他强调人们要反观自己的本心，这是为了挽救那些学习圣贤道理却只知死读书的人而设立的。

别人说我是个善良的人，我就十分高兴；说我凶恶，我就特别生气，可以看出，凶恶并不是什么好名声，所以我们应当立志做一个善良的人。看到他人淳朴谨慎，就喜欢与之相处；见到他人心浮气躁，暴跳如雷，就对他心生厌恶，由此可知心浮气躁不是优秀的人该有的，那我们为什么不努力做一个质朴谨慎的人呢？

处理事情时不要急躁，要静下心来，但不可因此而太过宽松散漫，对待自己要严格，但不要过于苛严。

故事链接

那是在东汉时期，南阳有一个大学问家叫郭林宗，他熟读各家典籍，乃是远近闻名的大儒。魏昭，在都城洛阳做官。早在太学就学时，魏昭就久闻郭林宗的大名。尽管郭林宗远在南阳，而自己在京城为官，但他仍然决定去拜郭林宗为师。

当魏昭千里迢迢来到郭林宗家时，郭林宗却拒绝见他。原来，郭林宗早就听说过魏昭的名字，知道他是有名的神童，但想考验一下他的诚心。

魏昭的随从忍耐不住，他们愤然地说道："一介草民，不足挂齿，我们不必为此劳神！"

可是魏昭却坚信，自己的诚心一定能打动郭林宗。他一动不动地在郭府门外等候。直到第三天，郭林宗终于被他的诚意所感动，请他进府见面。魏昭喜出望外。

穷尽事物之理　反观自己本心

当时，郭林宗重病在身，终日与药为伴。为了考验魏昭的诚心，郭林宗决定再次给魏昭出难题。魏昭进入郭府四五天，郭林宗还没有教授他一次。

一日深夜，郭林宗咳嗽不止，下人赶快来为他熬药。这时，郭林宗拦住下人，大声说道："不，让魏府尹来！"

魏昭连忙把药熬好，恭敬地奉上，说："老师，请服药。"

"太烫了，端下去重熬！"魏昭二话没说，又熬了一遍。如此再三，魏昭始终态度恭谨。当魏昭第三次把药奉上的时候，郭林宗彻底被感动了。

他动情地说："以往众多求学者，求学之心并不真诚，所以，他们敷衍于我，仅仅是想博取名声罢了。可是，今日与君相见，才知君诚心一片。鄙人愿意为君之师，教授先秦诸子经典。"不久，郭林宗正式收魏昭为徒，把自己的所有学识全部教给了他……

| 围炉夜话 ■ ■ ■ ■

天地且厚人　人不当自薄

　　天有风雨，人以宫室蔽①之；地有山川，人以舟车通之；是人能补天地之阙②也，而可无为乎？人有性理，天以五常③赋之；人有形质④，地以六谷⑤养之；是天地且厚人之生也，而可自薄⑥乎？

　　人之生也直，人苟欲生，必全其直；贫者士之常，士不安贫，乃反其常。进食需箸⑦，而箸亦只悉随其操纵所使，于此可悟用人之方；作书需笔；而笔不能必其字画之工，于此可悟求己之理。

注释

① 蔽：遮蔽。
② 阙：过失，缺陷。
③ 五常：仁、义、礼、智、信。
④ 形质：形体。
⑤ 六谷：黍、稷、菽、麦、稻、粱。
⑥ 自薄：自我轻视，自己看不起自己。
⑦ 箸：吃饭的用具，俗称竹筷子。

解读

　　天上时有风雨，因而人们造房子来躲避；地上有高山和河流，人们便造车船来通行。人能够运用智慧弥补天地造物的缺失，人怎么能够无所作为，而不改善不完美的事物呢？人的内心有理性，天以仁、义、礼、智、信作为他的禀赋；人的外在有形体，地便以黍、稷、菽、麦、稻、粱六谷

天地且厚人　人不当自薄

来养活他。天地如此优厚地对待人的生命，我们怎么能看轻了自己呢？

人生下来就中正的，所以人生在世一定要走正道。贫穷本来就是读书人应有的正常之事，所以不安于贫穷的读书人，便违背了常理。吃饭的时候需要用筷子，而筷子是由主人操纵来选择食物的，由此可以看出用人的方法。写字时需要用毛笔，但是毛笔本身并不能使字画变得好看，由此可以看出做事要靠自己的道理。

故事链接

宋璟是唐玄宗时期的宰相，是唐朝有名的政治家。他曾辅佐唐玄宗针对时弊进行了一些大胆改革，对推动唐玄宗时期的社会发展做了很大贡献。他干练正直，历史上流传着一些关于他为人正直的佳话。

宋璟在担任宰相兼吏部尚书时，有一天，吏部主事给他转呈了一篇署名"小人范知璿"的《良宰论》，并说："这位姓范的很有学问，是一个人才。"宋璟听了很高兴，赶忙拿起《良宰论》这篇文章读起来。

文章一开头议论风生，条理通畅，宋璟边读边说："不错，不错，才堪重用。"可是，读到文章的后一部分时，他的眉头便皱了起来。因为范知璿在文章里对宋璟竭尽奉承，说宋璟超过古代的晏子、张良，远胜唐太宗时的魏征、房玄龄，还把天下描绘得一片太平……宋璟喃喃地说："这太过分了，太过分了。"

读过全文，宋璟对恭立一侧的吏部主事说："范知璿确实是个人才，但为人品德不正，尽写些阿谀奉承的话，这不是一害国家，二害自己吗？这种人，我倘若把他提拔到身边，对我也没有好处呀！请你转告他，应就国计民生，切切实实地提些建议，不要再搞阿谀奉承之类的事了。"于是，范知璿这位善于奉承的人，因而没得到重用。

| 围炉夜话 |

富厚者遗德　贫穷者勤奋

家之富厚者，积田产以遗子孙，子孙未必能保；不如广积阴功[1]，使天眷[2]其德，或可少延。家之贫穷者，谋奔走以给衣食，衣食未必能充；何若自谋本业，知民生在勤，定当有济[3]。

言不可尽信，必揆[4]诸理；事未可遽行[5]，必问诸心。

兄弟相师友，天伦之乐[6]莫大焉；闺门[7]若朝廷，家法之严可知也。

注释

[1] 阴功：阴德。指暗中有德于人的功业。
[2] 眷：眷顾。
[3] 济：帮助。
[4] 揆（kuí）：揣度、判断。
[5] 遽（jù）行：遽，仓促。急忙、仓促地去做。
[6] 天伦之乐：泛指家庭的乐趣。
[7] 闺门：内室之门。

解读

富有的人家把积聚的田产留给子孙，可是子孙未必能够保住，还不如多做一些善事，或许上天眷顾他的阴德，这样子孙后代的福分便更长久一些。家境贫寒的人千方百计筹措衣食，可结果未必能够得到满足，还不如在本业方面多加努力，要知道谋生的根本在于勤奋，这样会收获更多。

富厚者遗德　贫穷者勤奋

他人说的话不可以完全相信，一定要在理性上加以判断、衡量，看看有没有不妥之处。遇到事情不要急着去做，一定要先扪心自问，看看有没有违背良心的地方。

兄弟之间要彼此为师友，这便是人生最大的幸事。家规如像朝廷的法典一般严谨，便可得知家法十分严厉。

故事链接

子罕是春秋时齐国的一名大夫。他虽身为京城中的官员，却从不恃权营私，贪恋钱财。不管是亲朋好友，还是素不相识的陌生人，凡别人送来礼物，子罕都一概拒收。

有一天，子罕正在府中处理政务，忽然差役进来禀报说，门外有个人求见。子罕急忙放下手中的事务，示意有请。

不一会儿，差役把那人请了进来。只见他身着峨冠博带，衣冠楚楚，进门后，一边向子罕施礼作揖，一边口若悬河地说开了："久闻大人英名，如雷贯耳，怎奈宋齐两国路途遥遥，无缘相见，今日得见大人尊容，实属三生有幸。"

子罕十分谦和地回答说："客人来访，理当会见，请不必多礼。"

接着，子罕想询问来人的情况和来意。然而那人却只管一面欣赏厅里的摆设，一面不断地奉承子罕。见此，子罕虽耐着性子，浑身却像针扎一样难受。出于礼貌，子罕不便发火，只好敷衍着和他胡乱谈了一会儿话。

坐了好半天，也不见那人说明来意。子罕因身有公事，心里很着急，只得委婉地说："足下一路风尘仆仆，鞍马劳顿，是否先到客舍休息休息？"

那人说："大人既是公务在身，小人不敢打扰，今日至此，只有一事相商。"说着，抬眼望了望子罕的左右。

子罕会意，向身边的差役们挥了挥手，让他们退下。那人见厅内

围炉夜话

别无他人,走到子罕跟前,低声地说:"小人仰慕大人已久,今日得以相见,我这里有一块刚得到的宝玉,要是雕琢好了,它是无价之宝啊!现在我奉献给你,请大人笑纳。"

说着,那人从袖中把那块碧玉取了出来,双手递给了子罕。子罕接过那玉细看,确实是块宝玉。他放在手上翻来覆去看了几遍,然后,把那玉又递还给了那人。

那人一看,急了,他以为子罕怀疑那玉不是真宝,忙说:"小人已请玉匠鉴定过了,的确是块价值连城的宝玉啊!你看这纹理多么华美,这色泽多么斑斓,这形态……"

子罕见那人如此百般殷切,笑着解释说:"我并非怀疑它不是宝,我不收,是因为它是你的宝,而不是我的宝。对你来说它是无价之玉,而它对我来说就不是宝。你把碧玉作为宝,我把不贪作为宝。如果我收了你的宝,岂不是你也丢了宝,我也丢了宝。我看还是我们各自守住自己的宝好啊!"听了子罕的这一番话,那人只得收起那块玉,灰溜溜地走了。

友以成德　学以愈愚

友以成德①也，人而无友，则孤陋寡闻，德不能成矣；学以愈愚②也，人而不学，则昏昧无知，愚不能愈矣。

明犯国法，罪累岂能幸逃③；白得人财，赔偿还要加倍。

浪子回头④，仍不惭为君子；贵人失足⑤，便贻笑于庸人。

饮食男女⑥，人之大欲存焉，然人欲既胜，天理⑦或亡；故有道之士，必使饮食有节，男女有别。

注释

① 成德：成就德业。
② 愈愚：医治愚昧无知。
③ 幸逃：侥幸逃脱。
④ 浪子回头：浪荡的人改过自新，重新做人。
⑤ 失足：举止不庄重。
⑥ 饮食男女：指人类对吃喝和情爱的需求。
⑦ 天理：天道，天性。

解读

朋友可以帮助自己在品德和事业方面取得进步，一个人如果没有朋友，则他的学识会比较浅薄，见闻不广，德业因此无法得到改善。学习是为了摆脱愚昧，人如果不学习一定是个愚昧无知的人。像愚昧这样的毛病是永远都治不好的。

围炉夜话

明明知道做的是触犯国法的事,却还坚持做,这样的人怎么能让他侥幸地逃避法律的制裁?无缘无故地拿走他人财物,一定要他加倍奉还。

犯错的人若能改过自新重新做人,仍然可以做个无愧于心的君子。德高望重的人一旦做下错事,连庸愚的人都会嘲笑他。

对饮食和爱情的渴望,是人的欲望中最主要的。但是如果我们放纵它,让它凌驾于一切之上,那么道德天理便从此沦亡。所以有道德修养的人,一定要让饮食有节度,男女有分别。

故事链接

李勉是唐朝的宗室后代,当过开封尉、刺史、节度观察使,最后还当过两年宰相。他一生中最喜好的就是与有才干、有知识的人结交,交朋友他以诚相待,肝胆相照,为朋友尽心竭力,两肋插刀的故事流传至今。

年轻的时候,由于家境贫穷,在客居梁、宋等地读书时,李勉曾和一名太学生同住一个旅舍。两人的关系很好,平日里常常一起谈诗作赋。

一天,那个太学生突然得了急病,卧床不起。李勉看他的病情十分严重,非常着急,忙给他请医生熬药,又给他端水端饭,无微不至地护理那位太学生,不知道的还以为他们是亲兄弟呢!

太学生的病体不见好转,眼看快要不行了。他趁房内无人,紧紧拉着李勉的手,未说话泪先流,呜咽地说:"你我朋友一场,没想到你对我这么好,这些银子你拿着。"说着,摸出几锭银子交给李勉,又说道:"没人知道我身边藏有这么多银两,我死后请你用这笔钱将我安葬,余下的你就自己用吧!"说完,闭眼死去。

李勉忍着失友的悲痛,遵嘱给亡友举哀,买了棺木、衣衾等物,把他好好安葬了。剩下的钱,他分文未动,都随亡友一起入土。不久,太学生的遗属来找李勉,李勉便和他们一起去给亡友迁葬,取出埋在地下的银两交给他们,并且又拿了自己的银子赠予他们。遗属感动得不知说什么才好。李勉却说:"朋友一场,这是应该的!"

后来,李勉当了大官,结交了一位勤恳能干的密县县尉王晬,可是没多久皇帝下诏要处死王晬。李勉认为自己的朋友王晬没有错处,便暗暗巡察此事,了解到王晬是被人陷害。李勉便上奏皇帝请求赦免王晬,结果王晬被赦免,而自己却被指控执行圣旨不力,召回京师贬官处置。

不久,王晬特来向李勉道谢,跪下就要给李勉磕头,李勉忙扶起王晬说:"何必如此,大家都是朋友,当为知己者死,我做的这又算得了什么。"后来,他们的关系就更密切了。王晬也不辜负李勉对自己的厚望。他上任龙门县令后,为官清正,办事能干,声誉很好。

李勉在任节度使时,听说李巡、张参两人很有才学,便请他们进幕府任判官。这两人都是名士,李勉待他们始终十分有礼,三人都互相以朋友相称,关系和睦。每有宴饮,李勉都请李巡、张参二人参加。

不久,李巡和张参先后去世,李勉仍然很怀念他们,宴请客人时总给他们空着座位,摆着酒杯和筷子,就像他们俩活着一样。即使在很欢乐的宴会上,李勉看到空座,也不免神色凄恻,回想起往日和两人的深挚友谊和学问切磋,想起两人对自己的帮助,心中便充满了伤感和怀念。

李勉对朋友的态度为众人所知,许多人都以是李勉的朋友而自豪。俗话说:近朱者赤,近墨者黑。李勉以自己的风格和性格来影响别人,同样从朋友那里也得到了许多珍贵的东西。

| 围炉夜话 ■■■■■

耐贫贱易　耐富贵难

东坡❶《志林》有云："人生耐贫贱易，耐富贵难；安勤苦易，安闲散难；忍疼易，忍痒难；能耐富贵，安闲散，忍痒者，必有道之士也。"余谓如此精爽❷之论，足以发人深省，正可于朋友聚会时，述之以助清谈❸。

余最爱《草庐日录》有句云："澹如秋水贫中味，和若春风静后功。"读之觉矜平躁释❹，意味深长。

敌加于己，不得已而应之，谓之应兵，兵应者胜；利人土地❺，谓之贪兵，兵贪者败，此魏相论兵语也。然岂独用兵为然哉？凡人事之成败，皆当作如是观❻。

注释

❶ 东坡：苏轼，宁眉山人，字子瞻，号东坡居士。著有《苏东坡集》《仇池笔记》《东坡志林》等。

❷ 精爽：本指精神、魂灵。这里指精当而爽直。

❸ 清谈：清雅的言谈、议论，又指公正的舆论。

❹ 矜平躁释：矜，指自负、傲气；躁，烦躁；释，解除。自负孤傲之心得以平息。

❺ 利人土地：贪求别国土地之利。

❻ 当作如是观：应当用这种观点去看待。

耐贫贱易　耐富贵难

解读

苏东坡在《志林》一书中说："人生要耐得住贫贱是件十分容易的事，但若要耐得住富贵却很困难；在勤苦中生活比较容易，在闲散中度日却很艰难；要忍住疼痛相对来说比较容易，可要忍住发痒却很难。假如能把这些难耐的事情都耐住了，那么，这个人一定是个相当有修养的人。"我认为像这样精辟、简洁的言论，足以让我们深深去思考，而这个话题也十分适合在朋友相聚时提出来讨论。

我最喜爱《草庐日录》中的一句话："贫穷的味道就像秋天的流水一样淡泊，静下来的心情就像春风那样平和。"读过之后觉得心平气和，句中的道理含意深远而耐人寻味。

若敌人来犯，不得已与对方作战，这叫"应兵"，不得已应战的这一方一定能够获胜。如果贪图他国土地，这叫"贪兵"，为侵占他国土地而作战一定会失败，这是魏相论用兵时所说的话。其实不仅仅用兵打仗是这样，人们的成功与失败，往往也是这样啊！

故事链接

苏轼，字子瞻，又字和仲，号东坡居士，北宋眉州眉山（今四川省眉山市）人，北宋著名文学家、书法家、画家。苏轼在诗、词、散文、书、画等方面取得了很高的成就，为"唐宋八大家"之一。

苏轼21岁中进士，前后共做了四十年的官。在做官期间，苏轼总是注意节俭，常常精打细算地过日子。公元1080年，苏轼被降职贬官来到黄州，由于薪俸减少许多，他穷得连日常生活都难以维持。

后来在朋友帮助下，他在城东得到一块地，于是，便在公余带领家人开垦这块坡地，种田帮补生计。"东坡居士"的别号便是他在这时起的。

为了不乱花一文钱，他还实行计划开支。苏轼先把所有的钱计算

围炉夜话

出来,然后平均分成12份,每月用一份;每份中又平均分成30小份,每天只用一小份。他把钱全部分好后,按份挂在房梁上,每天清晨取下一包,作为全天的生活开支。

当他每天拿到一小份钱后,还要经过仔细权衡,能不买的东西坚决不买,只准剩余,不准超支。然后苏轼把积攒下来的钱存在一个竹筒里,以备意外之需。

苏轼在黄州的这一段时间,心情比较郁闷,曾多次到黄州城外的赤壁山游览,写下了《赤壁赋》《后赤壁赋》和《念奴娇·赤壁怀古》等千古名作,以此来寄托他谪居时的思想感情。

险奇一时　常者永世

凡人世险奇之事，决不可为，或为之而幸获其利，特❶偶然耳，不可视为常然❷也。可以为常者，必其平淡无奇，如耕田读书之类是也。

忧先于事故能无忧，事至而忧无救于事，此唐史李绛语也。其警人之意深矣，可书以揭诸座右❸。

尧舜大圣，而生朱均❹；瞽鲧❺至愚，而生舜禹；揆以馀广馀殃之理，似觉难凭。然尧舜之圣，初未尝因朱均而灭；瞽鲧之愚，亦不能因舜禹而掩，所以人贵自立也。

注释

❶ 特：仅仅，只是。
❷ 常然：常理如此。
❸ 揭诸座右：题写在座位右边，作为激励和鞭策自己的格言。
❹ 朱均：尧之子丹朱，舜之子商均，均不肖。
❺ 瞽（gǔ）鲧（gǔn）：舜父瞽叟，曾与舜的后母及弟弟害舜。禹父鲧，治水无功。

解读

凡是人世间十分危险和奇怪的事，一定不要去做，虽然可能有人因此侥幸获得了利益，但那只不过是偶然罢了！不要将它看作常理。可以作为常理的，一定是十分平淡的事，就像耕田、读书等才是常理。

如果在做事前认真考虑过，那么在做事时就不会有许多困难出现；如

围炉夜话

要事到临头才去担忧，此时对事情已经没有帮助了，这是唐史上李绛所讲的话。这句话具有警惕的作用，我们可以将它写在座旁，时刻提醒自己。

尧和舜都是古代的圣贤之人，却生了丹朱和商均这样不肖的孩子；瞽和鲧都是愚昧的人，却有了舜和禹这样的圣人。如果用善人的恩泽子孙可以继承，恶人的祸患子孙也要承担的道理来说，似乎是说不通的。然而尧舜的圣明，并不会因为后代的不贤而有所消减；而瞽鲧的愚昧，也不会被舜禹的贤能所掩盖，所以做人最重要的是能自立自强。

故事链接

中山君是战国时期一个小国的国君。有一次，他为了拉拢士大夫，巩固他的统治地位，便请在国都居住的士大夫来参加宴会。

其中，有个叫司马子期的士大夫也应邀赴宴。酒过三巡，上羊肉汤了，每人一碗，唯独到司马子期座前，羊肉汤没有了。司马子期坐在席间，觉得很难堪，于是退席而走，投奔楚国，劝楚王讨伐中山君。

楚兵一到，中山君匆匆逃跑了。在仓皇逃跑途中，有两个手持武器的人，紧紧跟随中山君左右保护着他。中山君并不认识这两个人，就问："你们是什么人，为什么要保护我呢？"

这两个人回答说："大王您还记得吗？有一年夏天，麦子歉收，我们的父亲饿得马上就要死了。这时您从这儿路过，下车拿出一壶稀饭给父亲喝了，父亲才免于饿死。后来父亲在临终时嘱咐我兄弟二人说：'中山君救我一命，你们俩要记住，在中山君有难时，一定要以死守卫中山君。'"

中山君听完仰天叹息说："给予人家的东西不论多少，主要是在他真正有困难的时候。失礼得罪人，怨恨不在深浅，在于使人伤心啊。我因为一碗羊肉汤失掉了国家；因为一壶稀饭，在危难之时得到了以死相报。"

静者不妄动　敬者常惺惺

程子教人以静，朱子教人以敬，静者心不妄动之谓也，敬者心常惺惺❶之谓也。又况静能延寿，敬则日强，为学之功在是，养生之道亦在是，静敬之益人大矣哉！学者可不务乎？

卜筮❷以龟筮为重，故必龟从筮从❸乃可言吉。若二者有一不从，或二者俱不从，则宜其有凶无吉矣。乃洪范稽疑之篇，则于龟从筮逆者，仍曰作内吉。

从龟筮共逆于人者，仍曰用静吉。是知吉凶在人，圣人之垂戒深矣。人诚能作内而不作外，用静而不用作，循分守常❹，斯亦安往而不吉哉！

每见勤苦之人绝无痨疾❺，显达之士多出寒门，此亦盈虚消长❻之机，自然之理也。

注释

❶ 惺惺：清醒。

❷ 卜筮（shì）：古代推算吉凶祸福，用龟甲的称"卜"，用蓍草的称"筮"，合称"卜筮"。

❸ 龟从筮从：龟卜和筮卜都顺从。

❹ 循分守常：遵循本分，安守常道。

❺ 痨疾：今指肺结核。

❻ 盈虚消长：盈满就会走向亏损，消耗尽了就会转为增长，这就是物极必反、此消彼长的道理。

围炉夜话

解读

程子教人要保持安静，朱子教人要尊敬他人。"静"是指心不起妄动，而"敬"则是时常保持清醒的头脑。因为心不起妄念，便可益寿延年；时常保持清醒，才会有所长进。求取学问和养生的方法就在这里。"敬"与"静"对人有很大的益处，求学的人能不在这两点上下功夫吗？

在古代占卜，是以龟甲和蓍草为主要的工具，因此，一定要龟卜和筮卜都赞同，一件事才算是吉利。如果龟和蓍中有一个不赞同，或是两者都不赞同，那么事情就比较凶险了。但是《尚书》洪范稽疑篇中，则对于龟卜赞同，蓍草不赞同的情形，也可以看作内面的事吉祥。

即使龟甲和蓍草占卜的结果都与人的意愿相违背，仍然要说什么都不做就是有利的。由此可以看出，吉凶祸福往往取决于自己，圣人已经教训得十分明白了。人只要能对内吉外凶的事情在内行之而不在外行之，对于完全与人的意愿相违背的事守静而不去做，安分守己，遵循常道，那岂不是无往而不利吗？

常常可以看到那些勤勉刻苦的人是不会得痨病的，而显名闻达之士常常是出身贫寒，这就是盈则亏、消则长，也是大自然的规律。

故事链接

郑玄是东汉末年的经学大师。他年轻时，因为家里生活不宽裕，没念几年书，便被迫辍学在家。后来他当了个收税的小官吏，郑玄渴望读书，不愿做官。有几次，他鼓起勇气向父亲提出要求："父亲，请你允许我再去读书吧！"

郑玄每次提出要求，都遭到父亲的斥责。但他并不灰心，仍千方百计地争取上学。父亲拗不过他，只好把他送到京城的太学里读书。学业结束后，他又到处拜师求学。郑玄曾拜当时有名的学者张恭祖为老师，学到了许多知识。后来他听说马融很有学问，又不远千里拜马融为老师。

静者不妄动　敬者常惺惺

马融有四百多名学生，平时能够进到马融屋子里去听课的只有五十多人，然后再由这些弟子去传授给其他学生。郑玄在马融那里学了快三年，一次也没见到过马融。但郑玄没有一句怨言，他学习仍旧是那样认真。他在马融家旁边盖了一间小屋子，住在里面一边埋头学习，一边等待机会求见马融。他的成绩很好，但他一点也不骄傲，而是随时把不懂的问题记下来，准备在见到老师时问个明白。

这个机会终于来了。有一天，马融和他的学生们遇到了一些难题，算了很久也算不好。卢植也只算出了三道题，还有五道题算不出来，他就向马融推荐："郑玄的数学很好。"

"那就让他来试试吧！"马融说。郑玄等了三年，终于见到了老师。他算出了全部难题，并向马融请教了那些记录下来的疑难问题。马融看到郑玄既虚心又肯动脑筋，赞不绝口地对卢植说："我和你都不如郑玄呀！"

若肯下人　终能上人

欲利己，便是害己；肯下人①，终能上人。

古之克孝②者多矣，独称虞舜为大孝，盖能为其难也；古之有才者众矣，独称周公为美才，盖能本于德也。

不能缩头③者，且休缩头；可以放手者，便须放手。

居易④俟⑤命，见危授⑥命，言命者总不外顺受其正；木讷⑦近仁，巧令⑧鲜⑨仁，求仁者即可知从人之方。

注释

① 下人：屈居他人之下。
② 克孝：能够尽守孝道。
③ 缩头：逃避现实，不去面对。
④ 易：平时。
⑤ 俟：等待。
⑥ 授：给予。
⑦ 木讷：质朴迟钝，没有口才。
⑧ 巧令：巧言令色。
⑨ 鲜：少。

解读

原本想做对自己有利的事，常常反而害了自己。如果能甘于人下毫无怨言，总有一天也能够居于人上。

若肯下人　终能上人

　　自古以来能够尽孝道的人数不胜数，然而唯独将虞舜奉为大孝之人，是因为他能在孝道上做到了别人做不到的事。自古以来有才能的人非常多，可单单称赞周公美才，那是因为周公的才能是建立在道德之上的。

　　无论如何不应逃避的事，就要勇敢地去面对。无须介怀的事，就要将它放下。

　　君子平日爱在静处居住，以等待时机，一旦国家处于危难之时，他们从不吝惜自己的生命，而去挽救国家的命运。言语不花巧的人则接近仁德了，相反，花言巧语则是缺乏仁慈的表现。寻求仁德的人由此可知求仁德的真正办法。

故事链接

　　公元前628年春天，驻在郑国的秦国使臣杞（qǐ）子给秦王一封密信，信上说郑国对秦国没有防备，建议秦王去偷偷袭击郑国。秦国见信很高兴，派大将孟明视、西乞术、白乙丙等率领三百辆兵车去偷袭郑国。

　　秦国军队出发了，一路上耀武扬威、骄横无礼，经过洛阳北门时，许多老百姓都知道郑国要大难临头了。可是，远在千里之外的郑国国王还蒙在鼓里呢。

　　当时，郑国的商人弦高，正好准备到洛阳贩卖皮货和耕牛。走着走着，迎面跑来一位从秦国回来的郑国人，他慌慌张张地对弦高说："不好啦！秦王派军队来袭击咱们郑国了。"弦高吃了一惊，他想："现在郑国没有任何打仗的准备，这有多么危险啊，我必须想办法拖住敌人，争取时间，让郑国早做准备。"

　　于是，弦高当机立断，告诉老乡赶紧给郑王报信儿，自己扮作郑国的使臣，"假令犒秦师"。他从货架上取出4张上等的牛皮，然后又从牛群中挑出12头体大肉肥的牛，挡住了秦军的去路，镇定自如地说："请通报孟明视将军，说郑国使臣弦高求见。"

> 围炉夜话 ■■■■■

　　前哨士兵回去一通报,孟将军大吃一惊,催马走过来,见弦高衣冠整洁,神色坦然,知道来者不凡,他彬彬有礼地说:"贵国使臣找我有什么事吗?"

　　弦高镇定地施了一礼,说:"我们国君听说您要路经我国率领军队去远征,这是一件很辛苦的事,特意让我带上几张皮革和几头肥牛慰劳您和与您同来的将士。咱们两国是互驻使臣的友好国家,我国虽然不太富足,但也特意为您及随从驻扎休息做好了准备,如果驻扎一天的话,给你们准备好了粮食柴草;如果你们不停留一天,仅驻扎一夜的话,为你们安排好了夜晚的守卫哨兵。"

　　秦国军队一听郑国有防备,就收下了弦高的见面礼,在所在的滑国驻扎了下来。弦高与秦国将士一边周旋,一边想办法找到在滑国的郑国使臣,通过传递信件事情的驿站,派人骑马飞速把情况报告给郑王。

　　郑国国王郑穆公接到驿站传来弦高犒师的情报,赶紧召集大臣商讨战事。军队将士为了迎战整理了行装,磨好了兵刃、喂饱了战马,备好了战车,全国上下,严阵以待。然后,穆王派人到秦国使臣居住的地方劝他们离开郑国。杞子知道事情不妙,仓皇奔向齐国。

　　再说,秦国军队一连在滑国驻扎了几日,孟明视说:"郑国已经做好了战斗准备,偷偷袭击是不行了,正面进攻呢,也不一定取得胜利,如果用三百辆兵车围住郑国,距离秦国路太远,时间长了,粮草接济有困难,我们还是不要攻打郑国了吧!"

　　就这样,一场眼看要国亡家破的灾祸,被爱国商人弦高机智勇敢地挽救了。事后,郑国政府要奖赏弦高。他却说:"保卫国家,人人有责,我做了应该做的事情,有什么理由居功领赏呢。"弦高谢绝了奖赏。

见利存私　不立不谋

见小利，不能立大功；存私心，不能谋公事。

正己❶为率❷人之本，守成念创业之艰。

在世无过百年，总要作好人，存好心，留个后代榜样；谋生各有恒业❸，哪得管闲事，说闲话，荒我正经工夫。

注释

❶ 正己：端正自己。

❷ 率：率领，带领。

❸ 恒业：恒久的事业。

解读

只顾眼前蝇头小利的人，是不能立下大的功绩的。存有自私心理的人，就不能谋划公众事务的。

端正自己是领导他人的根本，保守已成的事业要想到当初创立事业时的艰辛。

人活在世上也不过百年而已，要做一个好人，心存善念，才能成为后人学习的榜样；人为生存而不断奔波，哪还有时间去管他人的闲事，说他人的闲话，不要因为无关紧要的事而荒废了正当的工作。

故事链接

顾恺之是南北朝时宋国吴郡太守，由于他政治清简，高风亮节，因此一直受人们敬重。有一天，顾恺之的一位朋友来看望他，说："我有一言，不知当讲不当讲？"

顾恺之笑了笑，说："有话请讲，不必顾虑。"

那位朋友犹豫了一会儿，说："是关于你公子的坏话。"

顾恺之严肃地说："那更应该讲。若隐瞒于我，那倒是害了我呀！"

那朋友见顾恺之并无反感，而且诚心诚意，就说："你的儿子顾绰，这些年来，不择手段地收积了许多钱财。而且，还在外面放债，收取高利也不择手段。如不加管束，怕是会愈演愈烈啊！"

顾恺之听了，大吃一惊，他连连向友人道谢说："谢谢你告知我此事，不然，我仍被蒙在鼓里，岂不害人害己啊！"

送走了友人，顾恺之想了想，把身边侍从叫来，叮嘱了一番，设下一计。他坐在堂上，命侍从说："叫顾绰前来。"

顾绰听说父亲叫他，心想准没好事，不是教训，就是追查放债之事。他硬着头皮，来到父亲跟前，施礼后，问道："父亲唤儿有何吩咐？"

顾恺之和颜悦色，指指旁边的椅子，说："我儿坐下。"顾绰见父亲这样待他，一颗悬着的心落地了，坐下后，等着父亲再问。

顾恺之望了望儿子，脸上装出为难的样子，说："听说我儿有些债券，眼下为父有急用钱财之处，不知我儿可否给我用一些？"

顾绰一听，心里立时高兴起来，忙对父亲说："父亲如要用钱，当然可以。"顾恺之停了停，问："但不知我儿有多少债券？"

顾绰忙不迭地夸耀说："可不少呢！"

"很多？"顾恺之故作惊讶地再问。

"可不是吗！"顾绰趾高气扬地肯定地说。

"为父可以看一看吗？"

"父亲不相信？"

"拿来我看,就信了。"

"好,您等我去取来。"不一会儿,顾绰搬来一只箱子,放在大堂中央。顾恺之不慌不忙地说:"打开。"

"是。"顾绰打开锁,掀开箱盖,箱子里果然装满了债券。

顾恺之走到箱子跟前,说:"好,好,待为父看来。"顾恺之仔细看了看,没有假。

他直起腰来,突然大声呼唤道:"侍从过来!"几个侍从跑了过来。顾绰还没明白父亲什么意思,那几个侍从抬起箱子就走。

"你们干什么?"顾绰着急地问。顾恺之制止儿子说:"不要急,你稍等就会知道他们干什么。"

侍从将一箱子债券抬到院子中,点起了一堆火,然后忽地一下,将全部债券投入了火中。

顾绰一看,哭着冲上去,喊:"不能烧,不能烧!"但是,早已来不及了,呼啦啦的火苗,很快烧光了那些沾满了无数人家血泪的债券。

顾恺之哈哈大笑,说:"顾绰,不用哭。你已经陷得很深了。烧了这些债券,从此可以清清白白做人了。"

转过身来,顾恺之又对侍从说:"传言乡里,有借顾绰债的,一笔勾销,不用还了!"

远近乡里,那些借债的、没借债的,听到这个消息,无不赞扬顾恺之严以律己、严以教子和清廉公正的品格。

读后感

　　最近读了清代文人王永彬所著的《围炉夜话》，其中隽语涉及社会生活的各个层面，将修身、齐家、治国、平天下的理想与日常生活紧密相连，使先哲智慧带上浓厚的生活气息与人文情怀，让人在轻松愉快中领略了蕴含的深刻道理。书中俯拾皆是经典的精练之言，在立身处事、自我修养、待人接物、理想境界等方面，均蕴含独到的见解。且其文辞浅近，意旨深远，情真语直，意存劝诫，余味无穷。

　　书中开篇和中间多处都提到子女教育方面的心得。"严师出高徒""严成才、松有害"。是的，在孩提时期，人的性格尚未定型，是塑造和培养的关键时期。在现代社会，很多家庭都是"4+2+1"的结构，各种疼爱难免化为溺爱，很容易养成孩子衣来伸手、饭来张口和骄奢的坏习惯。"自古雄才多磨难，从来纨绔少伟男"，对孩子从小就应该严格要求，犯了错误就要不惜批评，让孩子从小就要辨黑白、知对错。

　　我作为一名中学生，从小就生活在爷爷奶奶、姥爷姥姥，还有爸爸妈妈的宠爱中，可谓是一名"小皇帝"出身。我读了《围炉夜话》，觉得要深刻检讨自己身上存在的"宠物"病，从现在起下定决心好好改变自己，学会做人做事，努力学习文化，长大后一定成为社会有用的人。

　　关于理想，书中也有不少引人深思的论述。大丈夫不仅要志存高远，还要脚踏实地。理想是彼岸美丽的风景，但没有不断滑动的现实船舰就难以到达。没有志向，就容易人云亦云，在凡尘俗世中随波逐流，浑浑噩噩，虚度一生。然而只有目标，不面对现实，不付出努力，再好的梦想也只能是黄粱美梦。

在树立理想方面，我们青少年尤其要注意。现在有人戏称我们是"积极的垮掉一代"，就是我们好似也有远大志向，甚至还有豪言壮语，表面显得信心满满的样子。但是，当我们一遇到点困难就退缩了，一看到网络游戏就沉迷了，一接触到实际的事就不愿干了，一进入"狐朋狗友"圈就随波逐流了。这可以说是现代一般青年的通病，就是"口头革命"，眼高手低，好高骛远，等等。我们一定要克服这些毛病，要知道理想不是天上掉馅饼的好事啊！

关于交友，书中劝诫我们要谨慎。俗话说"近朱者赤，近墨者黑"，能与光明正大、品德高尚之人结交如入芝兰之室，久而闻其香，即与之化矣。

朋友有许多种，诤友、挚友、生死之交，书中提倡多交诤友，这种朋友会帮你指出过失，让你明是非、辨对错，使你不断进步。最忌讳结交贪图权势利益的酒肉之友，这种人很容易在你落魄时远离你而去，更有甚者还落井下石。不仅要结交良友，还要见贤思齐，"择其善者而从之"，学习他人的好品德、好做法，不断提升自己。

关于读书，书中提出要有活到老读到老的心态。当今社会，有不少人抱着功利之心读书，其实应将眼界放宽。读书从大的方面来看可以使人更好地服务社会，从小的方面来看，能够开阔视野，修身养性。

书中指出，读书应该身体力行。是的，我们从小到大虽然读过不少书，而运用到实际工作和生活中的还远远不够。如果能将书中精神内化于心，并加以灵活运用，读书的价值就更能体现了。当然也不能尽信书，"学贵有疑"。读书过程中要勤于思考，取其精华，去其糟粕。

书中还有许多关于修身、处事等方面的至理名言，都是先人用心良苦给我们留下的精神财富，简直使我受益匪浅。朋友，当你疲倦抑或迷茫时，不妨读读《围炉夜话》这本书，相信它能够让你抛开世俗，远离浮躁，解开心结，走出迷茫，进入光明幸福的人生中。

知识互动大会

一、填空题

1. 王永彬，字_____，号_____，人们一般称呼他_____，他的后人一般称他_____。_____枝城石门坎人，清代_____、田园诗人。

2. 王永彬一生经历了_____、_____、_____、_____、_____五个时代。最高的社会身份是"_____"和"_____"，也就是一个普通科员或办事员。

3. 除了《围炉夜话》，王永彬的著作还有很多，如_____ _____等。

4. 《围炉夜话》，是明清时期著名的_____著作，对于当时以及以前的_____、_____、_____、_____等分段作评价议论。这本书是作者王永彬于_____甲寅二月，于_____完成的。

5. 《围炉夜话》与_____和_____并称为修身养性的三大奇书，从问世以来一直备受推崇，对于读者感悟中国文化、修养心性都有不小助益。

6. 《围炉夜话》的原刻本刊行于_____，即1867年，书由王永彬的长子_____缮写，门人_____校字。这一年，王永彬_____岁，书刻成后两年，王永彬就去世了。

7. 2014年，_____的汉学家佩特科·希诺夫用了近3个月时间将《围炉夜话》翻译成为_____语出版。

8. 全书分为_____则，以_____的形式阐发了安身立命的主旨，涉及人生的诸多方面，如_____、_____、_____、_____、

_____、_____、_____、_____、_____等。

9. 与朋友交游，须_____，方能受益；对圣贤言语，必要我平时照样行去，才算_____。

10. 人品之不高，总为一_____字看不破；学业之不进，总为一_____字看不穿。

二、选择题

1. 下面哪一项是王永彬的人生经历？（ ）

A. 他生活在乱世，生活非常辛苦。19岁的时候，在梁湘东王府做官。当时有个叫侯景的人发动叛乱，结果被俘，在建康度过了3年的囚徒生活。

B. 他从小进入私塾读书，后来兄长去世，他的父亲想要他辍学谋生，他跪求父亲，才勉强完成了学业，后来进入县学读书，成为廪生。

C. 他性情温和豁达，科举不中后，就放弃了仕进之途，终身为秀才，致力于治学。

D. 他出生在一个世代读书人家庭，家富藏书，父子几人都是读书人。他父亲相貌堂堂，通经史，能诗文。他在兄弟中排行老二，兄弟都参加新建县学考试，并增补为博士弟子员。

2. 下面哪一句出自《围炉夜话》？（ ）

A. 帮他人的忙，使他做事能成，好像琢玉成器，所以叫作玉成。

B. 齐家先修身，言行不可不慎。读书在明理，识见不可不高。

C. 时光，浓淡相宜。人心，远近相安。流年，长短皆逝。浮生，往来皆客。

D. 藏巧于拙，用晦而明，寓清于浊，以屈为伸。

3. 关于《围炉夜话》，说法正确的是（ ）

A. 它是一部系统完整的家庭教育教科书，在封建家庭教育发展史上有重要的影响。后世称此书为"家教规范"。

B．全书一共20篇，"序致篇"是全书的自序，讲述了撰写这本书的主要目的，作者从亲身经历入手，告诫子孙好好做人。

C．它是中国古代众多劝世之书中的一种，它以短小精辟，富有哲理见长的格言体之作。文辞浅近明晰，言语言简意赅，情真意切，富有哲理，颇有启发性。

D．它是依据孔子教诲而编成的学童生活规范，核心思想是儒家的孝悌仁爱，具有重要的文化价值和教育价值。

4．关于《围炉夜话》，说法正确的是（　　）

A．它属于三言韵文，其内容采用《论语》"学而篇"第六条："弟子入则孝，出则悌，谨而信，泛爱众而亲仁。行有余力，则以学文"的文义，以三字一句、两句一韵编撰而成。

B．全书分为四卷，卷一包括自然现象和朝廷官衔；卷二介绍人与人间的关系；卷三主要讲人事，以及与人有关的事物；卷四主要介绍文事，如科举制度、花鸟草虫等。

C．书中不仅对一般传统生活常识多有介绍，还讲解了不少日常生活中的传统礼仪，特别是关于家庭成员关系、婚丧嫁娶、寿诞祝语以及社交中的敬语尊称等非常有用的知识。

D．它字里行间均传递出作者为人师表的理想。例如全书开篇就点明，教导晚辈要从幼年时开始，育人先育己，正直仁爱并非天生。可以看出作者非常重视后天的培养教化，环境的熏陶以及自身的反省。

5．关于《围炉夜话》，说法不正确的是（　　）

A．它的内容编成骈语，使人读来朗朗上口，且易记忆，受到广大诵习者欢迎，流传极广，被人称为《对偶句典故辞典》，在旧时成为蒙童的必修读物，故民间刻本极多。

B．书中体现出作者身上具有浓厚的儒家思想的烙印，他在本书中以大量的语言文字阐释了"立德、立功、立言"的要旨,揭示了人生价值的深刻内涵。

C. 书中的许多话语虽以劝诫为主,但读来却无艰涩枯燥之感,反而觉得生动平实。将本来会令人觉得比较高深的哲理融入日常生活中,使人容易为其所感染而产生共鸣。

D. 虽然书中的一些观点可能有其时代的局限性,不一定适合当代社会的要求,但瑕不掩瑜,本书仍对现代人生有着重要的指导和借鉴意义。从这个意义上来说,不失为一部非常优秀的劝世之作。

6. 下面哪一句不是出自《围炉夜话》?( )

A. 何者为益友?凡事肯规我之过者是也。何者为小人?凡事必徇己之私者是也。

B. 见小利,不能立大功。存私心,不能谋公事。

C. 开卷有益,宋太宗之要语;不学无术,汉霍光之为人。

D. 敬他人,即是敬自己。靠自己,胜于靠他人。

答案

一、填空题

1．润芳　宜山　宜山先生　宜山公　宜都　儒学家

2．乾隆　嘉庆　道光　咸丰　同治　敕授修职郎　候选教谕

3．《音义辨略》　《六书辨略》　《禊帖集字楹联》　《朱子治家格言》　《先正格言集句》　《历代帝统年表》　《孝经衬解》

4．文学品评　文坛掌故　人　事　文章　清咸丰　桥西馆的一经堂

5．《菜根谭》　《小窗幽记》

6．清朝同治六年　王鉴洋　杨惟春　75

7．保加利亚　保加利亚

8．221　随笔　修身养性　为人处事　持身立业　读书立志　安贫乐道　济世助人　持家教子　忠孝节义　为官执政

9．将他好处留心学来　读书

10．利　懒

二、选择题

1．B　2．B　3．C　4．D　5．A　6．C